Christiane Emma Prolic

Emmi kocht einfach

Christiane Emma Prolic

Emmi kocht einfach

85 Rezepte für das ganze Jahr

riva

Inhaltsverzeichnis

COCOTTE

Christiane Emma Prolic
Emmi
KOCHT EINFACH
85 Rezepte für das ganze Jahr
SPIEGEL Bestseller-Autorin
Das 2. Buch zum erfolgreichen Blog

Vorwort

Um ehrlich zu sein: Der Erfolg meines ersten Kochbuchs hat mich total umgehauen – vor allem, weil immer mehr liebe Nachfragen zufriedener Leserinnen und Leser kamen, die sich direkt ein zweites Buch wünschten. Es hat etwas gedauert, aber hier ist es nun. Ich bin sehr stolz auf das Ergebnis und hoffe von Herzen, dass es dir gefällt.

Meine Reise mit »Emmi kocht einfach« begann vor einigen Jahren mit dem Start meines Foodblogs *www.emmikochteinfach.de* im Internet und der Idee, Menschen mit zuverlässigen Rezepten bei ihrer Essensplanung zu unterstützen. Menschen, die einen turbulenten Alltag mit Familie, Beruf und Haushalt meistern, wie ich es selbst zu gut kenne. Menschen, zu deren Aufgaben es obendrein gehört, täglich für eine vollwertige Mahlzeit zu sorgen und denen oft die Frage gestellt wird: »Was gibt's denn heute zu essen?!« Mit meinen gelingsicheren Rezepten möchte ich helfen, auf diese Frage eine Antwort zu finden, und Inspiration fürs tägliche Kochen geben.

Mein zweites Buch habe ich meinem Herzensthema »Kochen im Einklang mit den Jahreszeiten« gewidmet. Denn mit saisonalen Produkten aus der eigenen Region zu kochen ist meine Passion geworden. Erntefrisches Gemüse, Obst, Salate und Kräuter aus der Heimat bringen nun mal köstlichen Geschmack ins Essen. Darüber hinaus ist es gesund, günstig und schließlich das Beste, was man mit geringem Aufwand für unsere Mutter Erde, seine Lieben und sich selbst tun kann.

In den Jahreszeiten-Kapiteln findest du, wie bei mir üblich, schnörkellose Rezepte für jeden Tag und jeden Anlass, die du mit erntefrischen Zutaten zubereiten kannst. Von Salaten über Suppen, Pasta-, Fleisch- und Fischgerichte, Vegetarisches bis zu Süßspeisen, Kuchen und Desserts ist für jede Geschmacksrichtung etwas dabei. Alle Rezepte haben eine überschaubare Anzahl an Zutaten, die du überall im Lebensmitteleinzelhandel bekommst – auch die frischen Zutaten. Sie sind in ihrer Erntezeit in jedem Supermarkt zu finden und oft sehr viel günstiger als außerhalb der Saison. Wenn du zudem für deine Essensplanung grundsätzlich wissen möchtest, zu welcher Jahreszeit und in welchen Monaten welche Gemüse- und Obstsorten, Salate und Kräuter erhältlich sind, bekommst du mit diesem Buch einen umfangreichen Saisonkalender zum Herausnehmen.

Es würde mich sehr freuen, wenn dir meine Rezepte gefallen und zur Seite stehen, sobald ein turbulenter Alltag es erfordert, und dir dieses Kochbuch ein treuer Begleiter in deiner Küche wird.

Solltest du Fragen oder Anmerkungen zu meinen Rezepten haben, schreibe mir sehr gern eine E-Mail an *kochbuch@emmikochteinfach.de.*

Alles Liebe, deine Emmi

Saisonal kochen und regional einkaufen

Es ist für uns mittlerweile selbstverständlich geworden, dass alles, was unser Obst-, Gemüse- und Salat-Herz begehrt, ganzjährig im Handel erhältlich ist. Das Wissen, wann welche Produkte Saison haben, ist dadurch leider nicht mehr in unseren Köpfen präsent. Deswegen ist es für mich eine Herzensangelegenheit geworden, unser Bewusstsein wieder dafür zu schärfen, dass es in vielerlei Hinsicht wertvoll sein kann, mit den Erntezeiten zu leben.

Es ist ratsam, sich bei jedem Einkauf vor Augen zu führen, dass viel Aufwand betrieben wird, damit all die Obst- und Gemüsewaren außerhalb der heimischen Saison und damit oft ganzjährig in der Auslage landen. Obwohl mancherorts sogar mediterranes Klima herrscht, werden die Erzeugnisse in energie- und wasserintensiven Gewächshäusern gezüchtet und nicht selten mit Unmengen an Düngemitteln versehen. Oder sie werden aus aller Welt beschafft, eben aus dem Land, in dem sie gerade Saison haben. Somit kommen obendrein noch die Transporte dazu, sei es auf dem Landweg, im Containerschiff oder mit dem Flugzeug. Das Groteske dabei: Viele Sorten werden für die Prozesskette unreif geerntet, was sich auch auf den Geschmack auswirkt.

Irgendwie ist es doch verrückt, dass wir im Winter Tomaten aus einem holländischen oder sogar spanischen Treibhaus kaufen können, wenngleich die heimische Saison noch in weiter Ferne liegt. Oder wenn Beerenobst aus Ägypten, Israel oder Chile erhältlich ist, nur damit wir es ganzjährig in unserer Frühstücksbowl essen können. Genauso verhält es sich im Winter mit beispielsweise frischem Spargel aus Peru, der mit dem Flugzeug 10 000 Kilometer zu uns nach Mitteleuropa transportiert wird. Alles nach dem Motto: Wo ein Abnehmer ist, ist auch ein Weg. Das ständig verfügbare Schlaraffenland, in dem wir leben, hat aber, wie bereits angedeutet, leider sehr viele negative Auswirkungen auf unsere Umwelt. Und natürlich leiden – auch bedingt durch die meist unreife Ernte – Qualität, Geschmack, Aroma, Vitamine und andere Nährwerte dieser Lebensmittel. Apropos Vitamine: Es gibt Studien, die belegen, dass Dosen- und Tiefkühlware mehr Vitamine enthält als frisches, importiertes Obst und Gemüse, weil die Früchte vor Ort an Baum oder Strauch ausreifen durften und nach der Ernte direkt konserviert werden.

Neben den Vitamineinbußen bei unreifer Ernte und langem Transport ist auch der Pestizidgehalt der Importware nicht zu unterschätzen: Im vorherrschend feuchten Klima der Gewächshäuser vermehren sich Pilze und andere Schädlinge besonders gern, dem somit durch den Einsatz von Pflanzenschutzmitteln vorgegriffen wird. Kommen Obst und Gemüse zum Beispiel »nur« aus dem holländischen Gewächshaus und nicht aus Übersee, ist zwar der CO2-Abdruck durch den kürzeren Transportweg geringer, der Anbau im Winter mit den schlechten Lichtverhältnissen ist jedoch nur durch ein Mehr an Dünger zu bewerkstelligen. Die Folge ist ein hoher Nitratgehalt im Erzeugnis, der sich im menschlichen Organismus vor allem durch Hitzezufuhr beim Kochen in schädliches Nitrit umwandelt. Alles wirklich nicht toll, wie ich finde.

Dieses Dilemma versuche ich mir immer wieder vor Augen zu halten und habe deshalb schon lange mein Ess- und Kochverhalten umgestellt. Obst und Gemüse kaufe ich, wenn möglich, immer nach Saison und aus meiner Region. Das gelingt mir zugegebenermaßen auch nicht immer, denn auf meine geliebte Banane möchte ich leider nur schwer verzichten. Es ist mir jedoch ein echtes Bedürfnis geworden, unseren Blick darauf zu lenken, was die heimischen Felder, Bäume und Sträucher das Jahr über für uns bereithalten, und uns dafür zu sensibilisieren, dass das Leben im Einklang mit den Jahreszeiten und Erntemonaten, wie es jahrtausendelang praktiziert wurde, sowohl für uns Menschen als auch für die Natur am besten ist.

Wann bekommt man Lebensmittel aus heimischem Anbau?

Saisonales Obst und Gemüse sowie Salate und Kräuter werden genau in den Monaten geerntet, in denen sie von Natur aus auch tatsächlich unter freiem Himmel wachsen und reifen. In diesen Monaten reicht allein die Energie der Sonne, um die Schätze der Natur hochzuziehen. Kein zusätzlicher Energieaufwand und kein Gewächshaus sind notwendig – vielleicht mal eine einfache Schutzplane oder ein Zelt für zum Beispiel Jungpflanzen, das war es aber auch schon. Wieder mit den Erntezeiten von Obst, Gemüse und Salat zu leben bedeutet, dass man sich regelrecht die heimische Saison seiner Lieblinge herbeisehnt, das kann ich aus eigener Erfahrung sagen. Wie langweilig wäre doch ein Jahr, wenn jeden Tag Weihnachten wäre? Das Großartige am Kochen und Backen mit saisonalen Produkten ist nämlich, dass es durch die sich ständig verändernde Ernte sehr abwechslungsreich sein kann. Du kannst immer wieder nach Marktangebot überlegen, was du aus und mit deinen Favoriten zubereiten möchtest. Wenn die eine Saison vorbei ist, kommt etwas Neues, mit dem du dich auseinandersetzen kannst. Auf diese Weise entdeckst du vielleicht sogar dir weniger bekannte Sorten, zu denen du bei deiner gewohnten Auswahl vielleicht gar nicht greifen würdest. Außerdem: Ein weiteres, sehr großes Plus für saisonales Einkaufen ist, dass die Preise niedrig sind, weil das Angebot groß ist. Das freut jeden Geldbeutel.

Mit meinen Saisonkalendern hier im Buch bekommst du eine Übersicht von insgesamt mehr als 70 Obst- und Gemüsesorten sowie Salaten und Kräutern. Du siehst auf einen Blick, wann etwas bei uns in Deutschland frisch aus dem heimischen Freilandanbau kommt oder noch als Lagerware erhältlich ist. So ist es ganz einfach, deinen Speiseplan danach auszurichten.

Sind regional und saisonal dasselbe?

Wenn du ein Agrarprodukt nicht nur in der jeweiligen Saison, sondern vor allem auch aus deiner Region kaufst, bekommst du nicht nur Frische und Geschmack, sondern unterstützt und stärkst die Landwirte und Erzeuger in deiner Gegend. Ganz nebenbei tust du, wie bereits geschildert, dem Klima einen Gefallen. Automatisch werden die Transportwege kurz gehalten, die erwähnten Flugzeuge und Schiffe werden überflüssig, Lkw-Strecken reduzieren sich ebenfalls erheblich – wenn alles richtig läuft. Aber: Regionales Obst, Gemüse oder Salate sind leider nicht zwangsläufig hochwertiger und besser. Auch wenn die Erzeugnisse aus deiner Region stammen, sind sie, wenn du sie außerhalb der Saison konsumierst, in beheizten Treibhäusern gezogen worden. Eine regionale Tomate im Frühjahr kann nur aus dem Gewächshaus kommen. Eine regionale Tomate im November kann nur nach der Ernte in Kühlhäusern präpariert gelagert worden sein, um noch länger im Angebot mit der Markierung »Region« vorhanden zu sein. »Regional« geht meiner Meinung nach also nicht ohne »saisonal«, das heißt, wenn du regional kaufst, ist es absolut sinnvoll, auch auf die Saison zu achten und umgekehrt. »Da beißt die Maus keinen Faden ab«, würde mein Papa jetzt sagen.

Wenn du im klassischen Lebensmittelhandel einkaufst, solltest du genau hinschauen, ob die von dir gewünschte Herkunft, also deine Region, auf den Etiketten steht. Denn nur das ist verlässlich. Der Begriff »Region« ist nämlich leider nicht gesetzlich geschützt und häufig mit Marketingstrategien der Händler behaftet. Am Ende kann es also sein, dass die Erzeugnisse trotzdem über Hunderte von Kilometern transportiert werden, denn scheinbare Qualitätsaussagen wie »aus der Region« oder »von hier« bedeuten nicht automatisch, dass die in den Einkaufswagen gepackten Produkte aus deiner Region sind. Der Begriff »Region« kann Eifel, Schwäbische Alb oder Markgräflerland bedeuten, selbst wenn du in Hamburg wohnst. Also: Achte auf die genaue Bezeichnung, wenn es um »Region« geht. Nur so erkennst du, ob es auch deine Region ist.

Ich persönlich kaufe mittlerweile am allerliebsten direkt beim Bauern, im Hofladen oder auf dem wunderschönen Wochenmarkt, der zweimal die Woche bei uns ums Eck gastiert. Manchmal lange ich auch im Supermarkt zu, wenn ich weiß, dass die Produkte tatsächlich aus meiner Region stammen. So habe ich immer eine große Auswahl an den Dingen, die mir wirklich saisonal zur Verfügung stehen und deren Herkunft ich kenne. In den Wintermonaten verzehre und verkoche ich zusätzlich die Sorten, die ich im Sommer eingefroren oder eingelegt habe, oder weiche auf gekaufte Tiefkühl- oder Dosenware aus.

Was ist besser: bio oder konventioneller Anbau?

Oft werde ich gefragt, ob bio eigentlich grundsätzlich besser und gesünder ist. Meine Antwort: Für die Umwelt auf jeden Fall. Das Verlangen nach Bioerzeugnissen ist in den letzten Jahren enorm gestiegen. Ob Fleisch, Gemüse oder Obst, der Markt explodierte. Und die Vorteile des biologischen Anbaus liegen im Vergleich zum konventionellen auf der Hand: Es werden keine künstlichen Düngemittel und Pestizide eingesetzt, womit eine größere Artenvielfalt am Boden und in der Luft erhalten bleibt und gleichzeitig die Treibhausgase reduziert werden. Außerdem wirkt sich der Ökoanbau positiv auf das Grund- und Oberflächenwasser aus, weil er durch das Verbot der Pestizide das Wasser schützt. Natürlich kommen auch die Biobauern nicht ohne Pflanzenschutzmittel aus, wenn sie eine reiche Ernte anstreben. Aber sie nutzen natürliche Mittel, die biologisch abbaubar sind – etwa Kupfer, Schwefel, Bienenwachs oder Pflanzenöle. Allerdings kann sich auch das als Nährstoff und zum Schutz der Pflanzen eingesetzte Kupfer im Boden anreichern, was jedoch mehr Auswirkung auf die Regenwurmkultur hat als auf den menschlichen Organismus. Selbst das biodynamische und damit strengste Siegel »Demeter« erlaubt einen geringen Einsatz von Kupfer, da sonst viele landwirtschaftliche Betriebe gar nicht überleben könnten. Es ist ein ständiges Abwägen des eigenen Tuns, das nicht nur die konventionelle Landwirtschaft umtreibt, sondern auch die Biobauern.

Im Gegensatz zu den Ökobauern stehen konventionellen Landwirten eine breite Palette

von weit über 200 chemischen oder synthetischen Wirkstoffen zur Verfügung, um die Ernte vor Insekten, Pilzen und Unkraut zu schützen. Aber: Für den Pestizideinsatz gibt es in der konventionellen Landwirtschaft Grenzwerte, die nicht überschritten werden dürfen, das ist wichtig zu wissen. Die Erzeugnisse werden zudem regelmäßig auf Rückstände kontrolliert. Die Ökolandwirtschaft gerät in Sachen Pflanzenschutzmittel jedoch ins Hintertreffen. Wegen des geringen Einsatzes von Dung und Pflanzenschutz kommt es zu einem erhöhten Vorkommen von Krankheiten und Schädlingen, die Tieren wie Pflanzen zusetzen. Das heißt, mit ausschließlich ökologischer Landwirtschaft würden wir in Deutschland durch die geringeren Ernten gar nicht satt werden – auch dann nicht, wenn sich die bisher 10 Prozent der landwirtschaftlich genutzten Fläche durch die Ökolandbaubetriebe bis zum Jahr 2030 nach den Prinzipien des Bioanbaus tatsächlich verdoppeln würden.

Die konventionelle Landwirtschaft ist folglich für uns alle wichtig, wenn es um die Versorgung in der eigenen Region geht. Außerdem bewirtschaften viele dieser Landwirte seit Generationen ihre Anbauflächen sehr gewissenhaft und mit viel Leidenschaft und ihre Erzeugnisse sind von guter Qualität. Aus meiner Sicht ist es zudem besser, Erzeugnisse von einem konventionellen Bauern aus der eigenen Region zu kaufen, als auf Bioprodukte aus Spanien, den Niederlanden oder Frankreich zurückzugreifen, die mit dem Lkw über lange Strecken angeliefert werden. Wenn du also gern Bioprodukte kaufst, empfehle ich dir, trotzdem unbedingt darauf zu achten, dass sie aus deiner Region stammen.

Ein paar Dinge, die mich umtreiben

Wenn es um unseren Fleischverzehr geht, wäre es aus meiner Sicht besser, in die Zeit der »Sonntagsbraten« zurückkehren, als Fleisch noch etwas Seltenes und Besonderes war! Ein achtsamer und bewusster Umgang mit unserem Fleischkonsum, das ist ja längst von der Wissenschaft bewiesen, wäre für Mensch, Tiere und Natur das Allerbeste. Die einfache Formel lautet für mich seit Langem, weniger und dafür hochwertigeres Fleisch zu kaufen – nicht zuletzt aus Respekt vor dem Tier, das sein Leben für meinen Teller lassen musste. Ganz auf Fleisch verzichten möchte ich nicht. Beim Tierwohl kann man durchaus auf ein Siegel wie »Neuland« vertrauen. Dieses entspricht nicht vollkommen den Biokriterien, orientiert sich aber an den Vorgaben artgerechter Tierhaltung.

Aber nicht nur in Bezug auf Fleisch brauchen wir unbedingt eine Bewusstseinsveränderung. Es sollte generell mehr Wertschätzung für die Landwirtschaft an den Tag gelegt werden, egal, ob man Fleisch, Obst oder Gemüse einkauft. Der jahrelange Trend der »roten Billigpreise« begünstigt die großen, finanzstarken Großagrarbetriebe und auch die Unternehmen, die Massentierhaltung betreiben. Der Preisdruck auf die Landwirte, egal, ob sie Bio- oder konventionelle Landwirtschaft betreiben, ist enorm groß geworden und kein Ende scheint in Sicht. Energie- und Pachtpreise schießen in die Höhe, die Anmietung von Agrarflächen und Gebäuden wird immer schwieriger, Großinvestoren mischen sich ein und die Umverteilung von Fördergeldern ist auch nicht immer optimal gestaltet. Es herrscht das Prinzip »wachsen oder weichen«. All das führt manche kleinen und mittelgroßen, teils über Generationen familiengeführten Höfe in den Ruin. Das kann doch wirklich niemand wollen.

Mir geht es darum, für all das ein Bewusstsein zu schaffen, denn wir Verbraucherinnen und Verbraucher haben es am Ende auch in der Hand, wo die Reise hingeht. Egal, ob der Einkauf auf dem Wochenmarkt stattfindet oder man auf die regionalen wie saisonalen Angebote im Supermarkt zurückgreift, es sollte selbstverständlich werden, die kleinen und mittelgroßen Bauernhöfe in der eigenen Region mit seinem Einkauf zu unterstützen. Mir ist auch bewusst, dass es viele Menschen gibt, die jeden Cent beim Einkaufen zehnmal umdrehen müssen und bei denen der spitze Bleistift regieren muss. Aber: Gerade dann ist saisonales Obst und Gemüse aus der eigenen Region die oftmals günstigste und beste Alternative.

Das sind sie gewesen, all meine Überlegungen rund um das Thema Kochen mit den Erntezeiten. Ich hoffe sehr, es waren ein paar Dinge für dich dabei, die du so noch nicht wusstest oder die dich in deinen eigenen Gedanken bestätigen. Es würde mich jedenfalls sehr freuen, wenn du nun (noch mehr) Lust bekommen hast, saisonal mit Erzeugnissen aus deiner heimischen Region zu kochen. Meine Rezepte stehen dir dafür als Inspiration jederzeit zur Verfügung, genauso wie die Saisonkalender, die immer griffbereit eine gute Orientierung bieten. Viel Freude damit.

Rezeptlegende

Bei manchen Rezepten findest du kleine Icons. Es gibt fünf verschiedene, die im Folgenden erklärt werden:

Mit diesem Symbol sind alle Rezepte gekennzeichnet, die du in unter 35 Minuten zubereiten kannst.

Als »vegetarisch« markierte Gerichte sind ausnahmslos fleischlos.

Rezepte, die als »Familienliebling« bezeichnet sind, kommen erfahrungsgemäß bei allen Familienmitgliedern gut an.

In jedem Rezept findest du ebenfalls dieses Symbol, da liste ich dir die wichtigsten Küchenhelfer auf, damit du sie vor dem Start schon bereitstellen kannst und vorab weißt, wie viel zu spülen sein wird.

Bei manchen Rezepten findest du dieses Symbol, und zwar dann, wenn ich einen besonderen Tipp zu dem Rezept habe.

Alle Backrezepte werden in Ober-/Unterhitze sowie Umluft angegeben. Wenn ich eines von beiden empfehle, schreibe ich es dazu.

Frühling

Was hält der Frühling für uns bereit?

Wenn der Frühling vor der Tür steht, schlägt mein Herz höher, denn Schritt für Schritt beginnt die heimische Ernte von knackfrischem Gemüse. Lagerfähige Gemüsesorten wie Kohl und Kürbis machen langsam Platz und die Teller werden wieder bunter. Die Frühlingsmonate bilden somit den Anfang von vielen erntefrischen Obst- und Gemüsesorten, Salaten und diversen Kräutern.

Im März ...

... steigt mit den ersten wärmeren Sonnenstrahlen bei mir besonders die Vorfreude auf all das, was noch kommt, auch wenn sich in diesem Monat des meteorologischen Frühlingsanfangs noch nicht so viel auf unseren heimischen Feldern tut. Aber: Bärlauch macht den Anfang und kommt schon jetzt erntefrisch auf den Teller. Spinat kommt gegart als Gemüse oder roh als Salat auf den Tisch. Auch die ersten Kräuter sprießen aus dem Boden: Schnittlauch, Kresse, alles ist plötzlich da – das klingt nach Frühling. Und so kann ich mich nach dem langen Winter langsam wieder der frischen und leichten Frühlingsküche zuwenden.

Im April ...

... werden die Tage allmählich wieder länger – und auch wärmer! Das ist Balsam für die Seele. Im April wird die Auswahl an Gemüse aus heimischem Freilandanbau auf den Wochenmärkten und in den Supermarktregalen wieder größer. Es ist der Monat des ersten frisch gestochenen Spargels und des Rhabarbers. Rhabarber zählt übrigens als Gemüse, wusstest du das? Aber auch der erste heimische Kohlrabi und frische Radieschen wandern jetzt wieder direkt vom Feld auf den Wochenmarkt oder in den Supermarkt. Auch das Kräuter- und Salatangebot wird von Woche zu Woche größer. Mit süßem, saftigem Obst dauert es noch ein bisschen, aber nicht mehr lange.

Im Mai ...

... lautet die beste Nachricht für mich: Die Erdbeeren kommen wieder! Und: Das botanische Jahr nimmt langsam Fahrt auf. Auch Spargel und Rhabarber sind nun überall in den Auslagen erhältlich. Im Mai beginnt außerdem die bunte Salatsaison, was mich besonders freut. Bis auf Radicchio sind alle regionalen Salate – von Batavia bis Rucola – nun frisch aus dem Freilandanbau erhältlich. Gesunde, grüne, frische Köstlichkeiten kommen jetzt schon in größerer Zahl in die Töpfe und auf den Tisch.

Im Juni …

… neigt sich der kalendarische Frühling dem Ende zu. Aber bevor wir uns im Juli über die maximale Ernte des Jahres freuen, können wir im Juni schon beinahe alles ernten, was auf Feldern, Bäumen und an Sträuchern wächst. Es ist Beerenzeit und nach wie vor Salatzeit! Gemüse wird sortenreich und üppig aus heimischem Anbau geerntet. Es gibt langsam wieder frische Möhren, neue Kartoffeln vom Feld, Erbsen, Zucchini, Blumenkohl, Brokkoli. Der Juni ist wahrlich ein bunter, frischer und vitaminreicher Monat.

Frühling auf dem Tisch

Im Frühling liebe ich besonders leichte Rezepte wie Salate und leichte Suppen. Aber auch Gerichte mit magerem Geflügel oder meinem geliebten Lachs bereite ich im Frühling gern zu. Ich habe das Glück und bekomme sowohl Geflügel als auch Fisch frisch bei meinen Händlern auf dem Wochenmarkt. Ergänzt mit all dem, was es im Frühling an herrlichem Gemüse aus der Region zu kaufen gibt, kommt zum Beispiel Ofenlachs auf Spinat (Seite 31) oder mein Hähnchenbrustfilet in Parmesankruste auf den Tisch (Seite 32), serviert mit einem gesunden Salat.

In den Frühling fällt bekanntermaßen das Osterfest, und gerade am Ostersonntag ist ein festlicher Osterbrunch sehr beliebt. Immer wieder gern serviere ich dafür mein Schweinefilet mit Balsamico-Soße (Seite 36), denn es lässt sich sehr gut vorbereiten und schmeckt auch kalt wunderbar. Klassischer Eiersalat darf selbstverständlich auch auf keinem Osterbüfett fehlen, deshalb findest du mein Rezept dafür auf Seite 23.

Mein persönliches Highlight im Frühling ist die Spargelzeit. Spargel liebe ich in allen Varianten, sei es klassisch zubereitet mit Salzkartoffeln und Buttersoße oder in einer schnellen Spargelcremesuppe (Seite 27). Aber auch in einer leckeren Pasta (Seite 40) oder einer Quiche (Seite 48) macht sich Spargel wahnsinnig gut. Sollten ein paar Stangen übrig bleiben, dann sind daraus schnell leckere Spargel-Knusperröllchen (Seite 51) gezaubert.

Wenn es im Frühling wieder Kräuter in Hülle und Fülle gibt, kann ich es kaum erwarten, sie in meine Küche zu holen. Kräuter verfeinern nun mal jedes Essen, egal, ob sie im Gericht mitgekocht werden oder den Teller mit ihrer Frische aufpeppen. Gesund sind Kräuter von Grund auf, sie wirken mit ihren ätherischen Ölen gegen unglaublich viel Leiden, das verrät die Kräuterheilkunde. Ich liebe deshalb ein leckeres Ofenrisotto mit Kräutern (Seite 44), das sich auch sehr gut als Beilage zu kurz gebratenem Fleisch eignet. Mit einem knackigen Salat dazu ist es dagegen ein perfektes vegetarisches Gericht!

Was wäre ein leckeres Essen ohne einen süßen Abschluss? Natürlich musst du auch bei leichten Frühlingsrezepten keinesfalls darauf verzichten. Wie wäre es zum Beispiel mit meinem Rhabarber-Dessert (Seite 56)? Das verspricht köstlich gegarten Rhabarber, gekrönt mit einer Bananensahne. Rhabarber und Banane sind ein unschlagbares Pärchen, versprochen. Aber es geht noch weiter. Im späten Frühling kannst du die ersten Erdbeer-Desserts servieren, etwa mein Erdbeer-Tiramisu im Glas (Seite 59), das ganz ohne Alkohol auskommt.

Auch im Frühling backe ich gern einfache Kuchen. In den süßen Leckereien finden sich selbstverständlich genauso frühlingshafte Zutaten wie Rhabarber und Erdbeeren. Leckere Frühlingsbackrezepte findest du auf den Seiten 60–63.

Eiersalat

Ein klassischer Eiersalat ist mit wenigen Zutaten einfacher gemacht, als man denkt, und lässt sich prima vorbereiten. Er passt perfekt auf ein Osterbüfett, aber auch an einem Grillabend macht er sich gut.

Für 4 Portionen
30 Minuten

1 kleiner Topf,
1 Rührschüssel,
1 Servierschüssel
(oder 4 Weckgläser)

- 7 Eier (Größe L)
- 100 g Schmand (ersatzweise Crème fraîche)
- 50 g Mayonnaise
- 1–2 TL mittelscharfer Senf
- 1 EL Zitronensaft
- 1 EL Saure-Gürkchen-Flüssigkeit (aus dem Glas)
- 1 Prise Zucker
- 1 Prise Salz
- schwarzer Pfeffer aus der Mühle
- 4 Stück saure Gürkchen (aus dem Glas, z. B. die Sorte Cornichons)
- 5 g frischer Dill (ersatzweise Schnittlauch)

1. Die Eier 10 Minuten in kochendem Wasser hart kochen. Währenddessen für das Dressing in einer Rührschüssel Schmand, Mayonnaise, Senf, Zitronensaft, Gürkchen-Flüssigkeit, Zucker, Salz sowie schwarzen Pfeffer glatt rühren und nach Belieben nochmals abschmecken.

2. Die sauren Gürkchen in feine Würfel schneiden. Den Dill waschen, trocknen, von den Stielen befreien und fein schneiden. Zum Dressing geben, verrühren und in den Kühlschrank stellen.

3. Die Eier abgießen und mit kaltem Wasser abschrecken, 6 Eier schälen und in Stückchen schneiden. 1 Ei für die Deko in eine beliebige Form schneiden. Die Eierstückchen unter das Dressing heben und den Salat gegebenenfalls nochmals mit Salz, Pfeffer und Dill abschmecken.

4. In eine Servierschüssel oder in vier (Weck-)Gläser füllen. Bis zum Servieren in den Kühlschrank stellen.

Geflügelsalat mit Curry

Ich verwende lieber gebratenes Hähnchenfleisch statt gekochtes, denn Geflügelsalat bekommt dadurch einfach mehr Pepp. Er lässt sich sehr gut vorbereiten, schön anrichten und ist eine hervorragende Wahl als Vorspeise, Büfett- oder Brunch-Salat. Und: Reste passen prima als Sandwich-Aufstrich.

Für 6 Portionen
35 Minuten
5–12 Stunden durchziehen lassen

1 große Pfanne,
1 große Schüssel

500 g Hähnchenbrustfilet
Salz
1 TL mildes Currypulver
2 EL Pflanzenöl
200 g Spargelspitzen aus dem Glas (Abtropfgewicht 115 g)
1 Dose Mandarinen (Abtropfgewicht 175 g)
1 Dose Champignon-Köpfe (Abtropfgewicht 115 g)
3 Frühlingszwiebeln

Für das Dressing:
50 g Mayonnaise
2 EL Mango-Joghurt
1 TL mildes Currypulver
1 TL mittelscharfer Senf
½ TL Zucker
1 Spritzer Limettensaft
1 Prise Salz
1 Msp. schwarzer Pfeffer

1. Die Hähnchenbrust mit Salz und Currypulver würzen. Öl in einer Pfanne erhitzen und die Hähnchenbrust je Seite ca. 8–10 Minuten scharf anbraten.

2. Die Spargelspitzen bei Bedarf halbieren und zusammen mit den Champignon-Köpfen sowie den Mandarinen in einem Sieb abtropfen lassen. Die Frühlingszwiebeln waschen, trocken tupfen und in feine Ringe schneiden.

3. Für das Dressing alle Zutaten in einer großen (Servier-)Schüssel vermengen und nach Belieben abschmecken. Die leicht abgekühlte Hähnchenbrust in mundgerechte Stücke schneiden und mit den restlichen Zutaten zum Dressing geben. Alles gut vermengen und den Geflügelsalat für mehrere Stunden oder über Nacht durchziehen lassen.

Tipp: Statt Spargelspitzen aus dem Glas in der Spargelsaison frische Spitzen zubereiten und für den Salat verwenden.

Blitz-Spargelcremesuppe

Für meine Spargelcremesuppe püriere ich frech einen Großteil des wertvollen Spargels. Denn nur so wird in der Spargelzeit eine feine Spargelsuppe zur echten Blitzvariante. Die Suppe ist in der Spargelzeit ein fester Bestandteil auf unserem Tisch.

Für 4 Portionen
35 Minuten

1 großer Topf,
1 Pürierstab

750 g weißer Spargel (entspricht ca. 500 g geschältem Spargel)
50 g Butter
2 TL Zucker
½ TL Salz
1 EL Zitronensaft
750 ml Wasser
50 g Mehl (Weizenmehl Type 405)
150 g Sahne
1 Prise schwarzer Pfeffer aus der Mühle
1 Prise frisch geriebene Muskatnuss
10 g frischer Schnittlauch oder Kerbel

1. Den Spargel mit einem Sparschäler sehr gut schälen. Die Enden abschneiden – je holziger, umso mehr – und die Spargelstangen in ca. 2 cm große Stücke schneiden.

2. In einem großen Topf die Butter erhitzen. Zucker, Salz und Zitronensaft unterrühren und die Spargelstücke für ca. 1–2 Minuten darin andünsten. Mehl hinzugeben und gut unterrühren. Mit 750 ml Wasser ablöschen und unter Rühren aufkochen. Bei mittlerer Hitze für ca. 10–12 Minuten ohne Deckel köcheln lassen, bis die Spargelstücke weich sind.

3. Mit einem Schaumlöffel ungefähr 100 g Spargelstückchen aus der Suppe für die Einlage entnehmen und beiseitestellen. Die verbliebene Suppe mit einem Pürierstab pürieren, bis die Konsistenz zusagt, wahlweise die Suppe zusätzlich sieben.

4. Die Sahne unterrühren und nach Belieben mit Salz, Pfeffer, Muskat, Zucker sowie Zitronensaft abschmecken und noch mal kurz aufkochen lassen. Dabei mit dem Schneebesen kräftig rühren.

5. Schnittlauch oder Kerbel waschen, trocken schütteln und klein schneiden. Zum Servieren über die Suppe streuen.

Tipp: Weil der Spargel ohnehin püriert wird, eignet sich auch prima der günstige Bruchspargel für die Suppe.

Blumenkohlcremesuppe

Wenn im späten Frühling die Blumenkohlernte beginnt, komme ich an dieser leichten Suppe nicht vorbei. Ich liebe nämlich das feine Kohlaroma der edelsten Kohlsorte. Und wenn er frisch vom Feld kommt und ein pralles Aussehen hat, ist er unwiderstehlich für mich.

Für 4 Portionen
35 Minuten

1 großer Topf mit Deckel,
1 Pürierstab

500 g Blumenkohl (geputzt)
1 Schalotte
1 Knoblauchzehe
1 mehlige Kartoffel
40 g Butter
1 l Gemüsebrühe
100 ml Sahne (alternativ Kochsahne)
1 Prise Salz
1 Prise Pfeffer
1 Msp. frisch geriebene Muskatnuss
Zitronensaft

1. Vom Blumenkohl zuerst die Blätter und den harten Strunk mit einem Messer abschneiden. In Röschen teilen, 500 g abwiegen, diese gründlich waschen und in einem Sieb abtropfen lassen. Schalotte, Knoblauchzehe und Kartoffel schälen und in Würfel schneiden.

2. Die Butter in einem großen Topf erhitzen und die Schalotte und den Knoblauch 1–2 Minuten gemeinsam bei geringer Hitze glasig dünsten. Die Kartoffelwürfel und Blumenkohlröschen dazugeben und kurz mitdünsten.

3. Mit Gemüsebrühe und Sahne aufgießen, aufkochen und mit Deckel 15–20 Minuten köcheln lassen. Prüfen, ob das Gemüse weich genug ist, und mit einem Pürierstab pürieren. Mit Salz, Pfeffer und Muskatnuss sowie Zitronensaft nach Belieben abschmecken.

STAUB
STAUB

Ofenlachs auf Spinat

Dies ist eines der ersten Gerichte, die ich zubereite, wenn im Frühling junger Blattspinat Erntezeit hat. Es ist eine gesunde und proteinreiche Mahlzeit, zu der du ganz einfach Baguette oder gekochten Reis servieren kannst.

Für 4 Portionen
35 Minuten

1 großer Topf mit Deckel, 1 Auflaufform (ca. 30 × 20 cm)

- 500 g junger Blattspinat
- 2 Schalotten
- 2 Knoblauchzehen
- 2 EL Butter
- 1 EL Pflanzenöl (z. B. Raps- oder Sonnenblumenöl) + etwas mehr für die Form
- 50 g gehobelte Mandeln
- 200 g Sahne
- 50 g Crème fraîche
- Salz
- Pfeffer
- 3 TL mittelscharfer Senf
- 500 g Lachsfilets ohne Haut
- 2 EL Zitronensaft

1. Den Backofen auf 180 °C (Umluft 160 °C) vorheizen. Den Spinat putzen, sehr gut waschen, trocknen und nach Belieben zerkleinern. Schalotten und Knoblauchzehen schälen und in feine Würfel schneiden.

2. In einem großen Topf die Butter und das Pflanzenöl gemeinsam erhitzen und darin die Mandeln rösten, bis sie leicht gebräunt sind. Die Schalotten und den Knoblauch dazugeben und kurz mitdünsten. Sahne und Crème fraîche unterrühren und mit einer guten Prise Salz und Pfeffer sowie mittelscharfem Senf abschmecken.

3. Den Spinat dazugeben, den Topf kurz mit einem Deckel schließen, damit der Spinat schon mal etwas zusammenfällt. Alles miteinander vermengen, wieder den Deckel aufsetzen und weitere 1–2 Minuten zusammenfallen lassen. Währenddessen die Auflaufform mit etwas Pflanzenöl einfetten und den Spinat gleichmäßig darin verteilen.

4. Den Lachs etwas abtupfen, mit Salz und Pfeffer würzen, mit Zitronensaft beträufeln und auf das Spinatbett legen. Im vorgeheizten Backofen (Mitte) für 20–25 Minuten bis zum gewünschten Garpunkt garen.

Tipp: Wenn es mal schnell gehen muss, statt frischem Spinat einfach 500 g Tiefkühlblattspinat aufgetaut verwenden.

Hähnchenbrustfilet in Parmesankruste

Eines der beliebtesten Rezepte auf meinem Blog. Das Gericht ist unkompliziert in der Zubereitung, familien- und gästetauglich. Es passt prima in den Frühling, denn gekochter Spargel oder ein großer gemischter Salat schmecken ganz hervorragend dazu.

Für 4 Portionen
15 Minuten
30 Minuten backen

1 Reibe,
1 tiefer Teller,
1 großer Topf,
1 große Auflaufform (ca. 30 × 20 cm)

3 EL frische Petersilie
50 g Parmesan
40 g Paniermehl
Salz
Pfeffer
Saft und Schalenabrieb von ½ Zitrone
50 g Butter
3 Knoblauchzehen
4 Hähnchenbrustfilets à ca. 250 g
etwas Butter für die Form

1. Den Backofen auf 220 °C (Umluft 200 °C) vorheizen. Die Petersilie waschen, trocknen und mit Stiel fein schneiden, den Parmesan reiben. Beides mit dem Paniermehl in einem tiefen Teller vermengen und mit je einer Prise Salz und Pfeffer würzen.

2. Die Zitrone heiß abwaschen, die Schale mit einer Reibe abreiben und den Saft auspressen. Die Butter in einem großen Topf schmelzen lassen und erhitzen, Zitronensaft und Zitronenschalenabrieb hineingeben, den Knoblauch hineinpressen und alles vermengen.

3. Die Hähnchenbrustfilets trocken tupfen, von beiden Seiten mit Salz und Pfeffer würzen. Jedes Filet mit einer Gabel im Topf in der Zitronen-Knoblauch-Butter wenden. Im Anschluss im Paniermehl-Parmesan-Mix wenden und die Masse etwas andrücken.

4. Die Auflaufform leicht einfetten und die Hähnchenbrustfilets nebeneinander mit etwas Abstand hineinlegen. Den restlichen Paniermehl-Parmesan-Mix über den Filets verteilen. Sollte noch etwas Zitronen-Knoblauch-Butter übrig sein, ebenfalls darüber träufeln. Für 30 Minuten auf der zweiten Stufe von unten in den heißen Backofen geben.

Tipp: Wenn du eine größere Menge zubereiten möchtest, verwende einfach ein mit Backpapier ausgelegtes Backblech.

Tipp: Nutze das Rezept als Resteverwertung für Gemüs wie Paprikaschoten, Zucchin Möhren oder Zwiebeln.

Hähnchenbrust Cordon-bleu-Art mit Grillgemüse

Für dieses Rezept fülle ich Hähnchenbrustfilets klassisch mit Schinken und Käse. Damit es eine runde Mahlzeit wird, packe ich gleich gesundes Gemüse mit aufs Backblech.

Für 4 Portionen
25 Minuten
20 Minuten backen

1 Backblech,
1 Reibe, Zahnstocher,
2 flache Teller,
1 tiefer Teller,
1 große Pfanne

4 Hähnchenbrustfilets à ca. 150 g
Meersalz
schwarzer Pfeffer aus der Mühle
80 g Cheddar (oder Gouda, Emmentaler) am Stück
50 g Schinkenwürfel (Koch- oder Katenschinken)
50 g Mehl
2 Eier (Größe M)
80 g Paniermehl
250 g grüner Spargel
400 g Süßkartoffeln
200 g Kirschtomaten
5 EL Olivenöl

1. Den Backofen auf 160 °C (Umluft 180 °C) vorheizen. Ein Backblech mit Backpapier auslegen. Die Hähnchenbrustfilets trocken tupfen, seitlich aufschneiden, sodass sich eine Tasche bildet, von beiden Seiten mit Salz und Pfeffer würzen. Den Käse reiben und gleichmäßig mit den Schinkenwürfeln in jeder Hähnchenbrust verteilen. Die Ränder festdrücken und die Öffnung mit Zahnstochern verschließen.

2. Das Mehl auf einen flachen Teller geben. Die Eier in einem tiefen Teller aufschlagen und verquirlen. Das Paniermehl auf einen weiteren flachen Teller geben. Die Filets nacheinander zuerst im Mehl, dann im Ei und zuletzt im Paniermehl wenden.

3. Den Spargel waschen und die Enden abschneiden, wahlweise den unteren Teil schälen. Die Süßkartoffeln schälen, in 1 cm dicke Scheiben und diese in ca. 1 cm breite Stifte (Pommes) schneiden. Tomaten waschen und trocknen.

4. In einer Pfanne das Olivenöl erhitzen und die Hähnchenbrustfilets von beiden Seiten jeweils 2 ½ Minuten goldbraun braten, herausnehmen und auf das Backblech legen. Spargel und Süßkartoffeln in die Pfanne geben und ohne Hitze im restlichen Öl schwenken, mit Meersalz und Pfeffer würzen. Gemeinsam mit den Tomaten auf dem Backblech rund um die Filets verteilen. Auf der mittleren Schiene für 20 Minuten in den vorgeheizten Ofen geben.

Schweinefilet mit Balsamico-Soße

Eine schnell zubereitete Köstlichkeit für Familie und Gäste. Das Filet samt Soße schmeckt nämlich warm oder kalt sehr lecker und eignet sich deshalb perfekt für zum Beispiel einen Oster-Brunch oder ein kaltes Büfett. Du kannst es sogar einen Tag vorher zubereiten.

Für 4 Portionen
10 Minuten
20 Minuten garen

1 große ofenfeste Pfanne, 1 Fleischthermometer, falls vorhanden

700–800 g Schweinefilet
2 Rosmarinzweige
3 Thymianzweige
2 Knoblauchzehen
1 Lorbeerblatt
1 TL schwarze Pfefferkörner
Salz
3 EL Olivenöl
100 ml Bratenfond (selbst gemacht oder aus dem Glas)
40 ml Aceto Balsamico di Modena (Balsamessig)
1–2 TL Johannisbeergelee (ersatzweise Honig)
½ TL mittelscharfer Senf
Pfeffer

1. Den Backofen auf 150 °C (Umluft 130 °C) vorheizen. Rosmarin und Thymianzweige waschen und trocknen. Die Knoblauchzehen in der Schale lassen und etwas andrücken, Lorbeerblatt und schwarze Pfefferkörner bereitstellen.

2. Das Schweinefilet mit einem Küchenpapier abtupfen, eventuell von Sehnen befreien und von allen Seiten salzen. Öl in einer Pfanne erhitzen und das Filet auf die eine Seite der Pfanne und den Knoblauch, das Lorbeerblatt, die Pfefferkörner und die Kräuter auf die andere Seite der Pfanne legen. Das Filet bei mittlerer bis hoher Temperatur rundum anbraten, bis es Farbe bekommen hat.

3. Die Gewürze auf dem Fleisch verteilen und die Pfanne ohne Deckel auf der zweiten Schiene von unten in den heißen Backofen geben. Für 20–35 Minuten garen lassen. Nach der Garzeit das Filet und die Gewürze aus der Pfanne nehmen und warmhalten. Den Bratensatz mit Bratenfond ablöschen, Balsamico, Johannisbeergelee und Senf unterrühren und die Soße bei mittlerer Hitze einköcheln lassen, bis die Konsistenz gefällt. Mit Salz und Pfeffer abschmecken.

4. Die Filets mit dem ausgetretenen Fleischsaft zur Soße geben und das Filet in beliebig dicke Scheiben schneiden. Warm, lauwarm oder kalt mit Soße beträufelt servieren.

Tipp: Die Garstufe kann idealerweise mit einem Fleischthermometer an der dicksten Stelle überprüft werden: 60 °C = rosé; 65–70 °C = medium; 75 °C und mehr = durch. Der Balsamico sollte nicht zu sauer sein. Wenn du ihn so löffeln kannst, ist er der perfekte Kandidat für die Soße.

STAUB

Knusprige Hähnchenschnitzel mit Cornflakes-Panade

Für alle kleinen und großen Schnitzelfans gibt es Hähnchenschnitzel mit einer knusprigen Cornflakes-Panade – eine schnelle Feierabendküche, die dir und deinen Lieben bestimmt auch am nächsten Tag noch kalt auf einem Schnitzelbrötchen Freude bereitet.

Für 4 Portionen
35 Minuten

Gefrierbeutel,
1 Nudelholz,
2 flache Teller,
1 tiefer Teller,
1 große Pfanne

500 g Hähnchenbrustfilet
Salz
Pfeffer
150 g Cornflakes (besser ungesüßt)
50 g Mehl
2 Eier (Größe M oder L)
Pflanzenöl (z. B. Raps- oder Sonnenblumenöl)

1. Hähnchenbrustfilets in der Mitte durchschneiden, sodass vier ungefähr gleichmäßig dicke Scheiben von ca. 1 cm entstehen. Von beiden Seiten gut mit Salz und Pfeffer würzen.

2. Die Cornflakes in einen Gefrierbeutel geben, diesen verschließen und mit einem Nudelholz walzen, sodass die Cornflakes grob zerkleinert werden.

3. Das Mehl auf einen flachen Teller geben. Die Eier in einem tiefen Teller verquirlen. Die Cornflakes auf einen weiteren flachen Teller geben. Die Filetscheiben nacheinander zuerst im Mehl, dann im Ei und zuletzt in den Cornflakes wenden.

4. Öl in eine große Pfanne geben, sodass der Boden ungefähr ½ cm damit bedeckt ist. Die Hähnchenschnitzel bei mittlerer Hitze 3–4 Minuten je Seite goldbraun backen. Die fertigen Schnitzel auf einem mit Küchenpapier belegten Teller abtropfen lassen.

Pasta mit grünem Spargel in Zitronen-Buttersoße

Eine echte Frühlingspasta, die du schnell für ein Mittag- oder Abendessen aus dem Ärmel schütteln kannst. Die Pistazien geben nicht nur eine crunchy Note, sondern sind obendrein auch noch sehr gesund.

Für 4 Portionen
30 Minuten

1 großer Topf,
1 große Pfanne,
1 Reibe

500 g grüner Spargel
400 g Pasta nach Wahl (8–10 Min. Kochzeit)
50 g Pistazien (gesalzen oder ungesalzen)
30 g Basilikum
1 unbehandelte Zitrone
2 Knoblauchzehen
60 g Butter
Meersalz
schwarzer Pfeffer aus der Mühle
Zitronensaft
Parmesan

1. Den grünen Spargel waschen, die holzigen Enden ca. 2 cm abschneiden und die Spargelstangen schräg in 2–3 cm große Stücke schneiden. Die Nudeln in einem großen Topf in reichlich kochendem Salzwasser nach Packungsanweisung bissfest garen. Den grünen Spargel die letzten 5 Minuten der Nudelkochzeit zu den Nudeln geben und mitkochen.

2. Die Pistazien gegebenenfalls aus der Schale lösen und grob hacken, den Basilikum waschen, trocknen und klein schneiden. Die Zitrone heiß abwaschen und die Schale abreiben. Den Knoblauch schälen und fein schneiden.

3. Die Butter in einer großen Pfanne erhitzen und den Knoblauch andünsten, bis er schön duftet. Nudeln und Spargel abgießen und in die Pfanne geben. Die gehackten Pistazien, den Zitronenabrieb und Basilikum untermengen. Mit Meersalz und schwarzem Pfeffer würzen sowie mit Zitronensaft abschmecken.

4. Parmesan reiben und zum Servieren reichen.

Tipp: Bereits geschälte Pistazien gibt es manchmal im Handel zu kaufen, was natürlich bequemer ist.

One-Pot-Pasta mit Bärlauch

Bärlauch ist eine echte Vitamin-C-Bombe und der Frühlingsbote schlechthin auf unseren Tellern. Leider ist seine Erntezeit bis zur Blüte sehr kurz, deshalb solltest du ihn nicht verpassen und in dieser leckeren One-Pot-Pasta verarbeiten.

Für 4 Portionen
30 Minuten

1 großer Topf,
1 Multizerkleinerer,
1 Reibe

50 g Pinienkerne
2 kleine Schalotten
1 Knoblauchzehe
2 EL + 2 TL Olivenöl
1 ½ EL Tomatenmark
750 ml Gemüsebrühe
250 ml Milch (3,5 % Fett)
150 g Sahne
1 TL Salz
350 g Tagliatelle (Kochzeit 6 Minuten)
130 g Bärlauch
80 g getrocknete Snacktomaten
50 g Parmesan
Chilisalz

1. In einem großen Topf ohne Zugabe von Fett die Pinienkerne goldbraun rösten, herausnehmen und beiseitestellen. Die Schalotten und die Knoblauchzehe schälen und fein würfeln. Im selben Topf 2 EL Olivenöl erhitzen und die Schalotten und den Knoblauch darin glasig dünsten. Das Tomatenmark unterrühren und kurz mitdünsten. Gemüsebrühe, Milch und Sahne aufgießen, Salz und die rohen Nudeln dazugeben und miteinander verrühren. Die Pasta aufkochen und 8–9 Minuten offen bei mittlerer Hitze kochen, dabei öfter umrühren, damit nichts am Boden anhaftet.

2. Zwischenzeitlich den Bärlauch sehr gründlich unter fließendem, heißem Wasser waschen, trocknen, grob zerkleinern und in einem Mulitzerkleinerer mit 2 TL Olivenöl beliebig fein häckseln. Die Snacktomaten in kleinere Stücke schneiden und den Parmesan fein reiben. Den Nudeltopf vom Herd nehmen und Bärlauch, Snacktomaten, Parmesan und Pinienkerne unterrühren. Alles mit Chilisalz abschmecken.

Tipp: Chilisalz ist eine praktische 2-in-1-Gewürzmischung aus Salz und Chiliflocken. Das Tolle ist: Das Salz nimmt mit der Zeit die Chilischärfe an. Kann man kaufen oder selbst machen.

Ofenrisotto mit Kräutern

Wenn im Frühling wieder Kräuter in Hülle und Fülle sprießen, ist es Zeit für mein Ofenrisotto mit frischen Kräutern. Es kommt ganz ohne Rühren aus, während du das Fleisch oder den Fisch dazu zubereitest. Mit einem knackigen Salat kannst du es sogar als vegetarische Hauptmahlzeit einplanen.

Für 4 Portionen
15 Minuten
30 Minuten backen

1 ofenfeste, große (Schmor-)Pfanne mit Deckel, 1 Reibe

5 Frühlingszwiebeln
2 Knoblauchzehen
1–2 EL frische Thymianblätter
1 EL frische Oreganoblättchen
1–2 EL frische Rosmarinnadeln
40 g Butter + etwas mehr zum Abschmecken
250 g Risottoreis
1 l Hühnerbrühe (ersatzweise Gemüsebrühe)
1 Topf Basilikum
60 g Parmesan + etwas mehr zum Servieren
2 Limetten
Salz
schwarzer Pfeffer

1. Den Backofen auf 220 °C (Umluft 200 °C) vorheizen. Die Frühlingszwiebeln waschen, putzen und komplett in feine Ringe schneiden. Den Knoblauch schälen und in feine Würfel schneiden. Thymian- und Oreganoblättchen sowie Rosmarinnadeln waschen, trocknen und fein hacken.

2. In einer ofenfesten Pfanne die Butter erhitzen und die Frühlingszwiebeln mit den gehackten Kräutern darin für 3 Minuten andünsten. Den Knoblauch und den rohen Reis unterrühren und kurz mitdünsten.

3. Brühe hinzufügen und das Risotto zugedeckt im heißen Ofen auf der mittleren Schiene für 30 Minuten garen. Zwischenzeitlich die Basilikumblätter abzupfen, waschen, trocknen und eine Hälfte klein schneiden. Parmesan reiben. 1 Limette auspressen. Die andere Limette waschen und in Spalten schneiden.

4. Nach Ende der Garzeit die klein geschnittenen Basilikumblätter, den Parmesan und den Limettensaft zum Risotto geben, ca. 1 Minute umrühren und mit Salz, Pfeffer und Butter abschmecken. Die restlichen Basilikumblätter, etwas Parmesan und Limettenspalten zum Servieren reichen.

Tipp: Das Risotto kannst du mit anderen Kräutern aus dem Kräutergarten ergänzen oder auch abwandeln.

Rucola-Pesto

Wenn du Rucola magst, solltest du mindestens einmal ein Rucola-Pesto aus erntefrischem, heimischem Rucola probiert haben. Es ist schnell, mit überschaubaren Zutaten gemacht und schmeckt hervorragend als gesunde Nudelsoße, als Brotaufstrich oder auch als Grundlage auf belegten Sandwiches oder Baguettes.

Für 4 Portionen
15 Minuten

1 Reibe,
1 Multizerkleinerer

50 g Rucola
40 g Parmesan
40 g Pecorino
1 Knoblauchzehe
20 g Pinienkerne
2 EL Zitronensaft
¼ TL Salz
1 Msp. Cayennepfeffer
6–7 EL Olivenöl

1. Vom Rucola ca. ½ cm der Stielansätze entfernen, welke oder gelbe Blätter aussortieren, die übrigen waschen und gut trocknen. Parmesan und Pecorino fein reiben. Die Knoblauchzehe schälen und in kleine Würfel schneiden, die Pinienkerne fein hacken.

2. Alle Zutaten in einen Multizerkleinerer geben, mit Zitronensaft, Salz und Cayennepfeffer würzen und fein mixen. Nach und nach das Olivenöl hinzufügen.

Spargel-Quiche

Eine wahre Allrounderin. Sie eignet sich für den Familientisch, für einen lockeren Abend mit lieben Freunden, aber auch beim Osterbrunch macht sie sich sehr gut. Sie schmeckt zudem kalt sehr lecker und ist deshalb ideal für dein nächstes Picknick, das Büfett oder die Arbeit.

Für 4 Portionen
20 Minuten
30 Minuten backen

1 Auflaufform (Ø 26 cm), 1 großer Topf, 1 Schüssel, 1 Rührschüssel, 1 Reibe

- Butter für die Form + 1 TL
- 1 fertiger Quiche- und Tarteteig aus dem Kühlregal (ca. 270 g, rund)
- 250 g weißer Spargel
- 250 g grüner Spargel
- Salz
- 1 TL Zucker
- 4 Eier (Größe L)
- 200 ml Sahne
- 50 ml Milch (3,5 % Fett)
- 1 Msp. schwarzer Pfeffer aus der Mühle
- 2 EL frische Thymianblätter
- 1 Knoblauchzehe
- 60 g Parmesan

1. Den Backofen auf 180 °C (Umluft 160 °C) vorheizen. Die Auflaufform mit etwas Butter einfetten, den fertigen Quiche- und Tarteteig darin auslegen, mit einer Gabel einige Male einstechen und für 15 Minuten im heißen Backofen (zweite Schiene von unten) vorbacken.

2. Vom weißen und grünen Spargel die Enden abschneiden – je holziger, umso mehr. Den weißen Spargel mit einem Sparschäler komplett schälen, den grünen Spargel waschen und nach Belieben im unteren Drittel schälen. Alle Spargelstangen in 3–4 cm lange Stücke schneiden.

3. Einen Topf mit 1 gehäuften TL Salz pro Liter Wasser zum Kochen bringen sowie Zucker und 1 TL Butter hineingeben. Zuerst den weißen Spargel allein für 7 Minuten bei mittlerer Hitze kochen lassen, dann den grünen Spargel hinzugeben und für 3 Minuten mitkochen. Beide Sorten sollten noch bissfest sein. Den Spargel mit einer Schaumkelle entnehmen und direkt in einer Schüssel mit sehr kaltem Wasser abschrecken. Wieder entnehmen und auf einem Küchentuch abtropfen lassen.

4. Für den Guss Eier, Sahne und Milch in eine Rührschüssel geben, verrühren und mit ½ TL Salz und Pfeffer würzen. Die Thymianblättchen waschen und unterrühren. Den Knoblauch schälen und dazupressen.

Tipp: Den Spargel direkt beim Händler schälen lassen, das spart Zeit.

5. Die Spargelstückchen auf dem vorgebackenen Quiche-Boden gleichmäßig verteilen. Den Guss darübergießen. Parmesan reiben und darüberstreuen. Im heißen Ofen auf der zweiten Schiene von unten für 30 Minuten backen.

Spargel-Knusperröllchen mit Schinken und Käse

Die Idee für diese Spargelröllchen entstand, weil ich Spargelreste einmal nicht in einem Salat verarbeiten wollte. Mittlerweile sind die Röllchen in der Spargelzeit vom Speiseplan nicht mehr wegzudenken und ein eigenständiges Spargelgericht.

Für 4 Portionen
30 Minuten

1 großer Topf, Zahnstocher, 2 flache Teller, 1 tiefer Teller, 1 große Pfanne

500 g weißer Spargel
Salz
1 TL Zucker
1 TL Butter
4 dünne Scheiben Emmentaler-Käse (ersatzweise Gouda)
4 Scheiben runder Kochschinken
100 g Mehl
2 Eier (Größe M)
100 g Paniermehl
3–4 EL Pflanzenöl (z. B. Raps- oder Sonnenblumenöl)
frische Kresse oder Petersilie

1. Die Spargelenden abschneiden (je holziger, umso mehr) und die Spargelstangen mit einem Sparschäler schälen. Einen Topf mit reichlich Salzwasser zum Kochen bringen, Zucker und Butter hineingeben und den Spargel darin ca. 10 Minuten bissfest garen. Mit einer Schaumkelle herausnehmen und auf einem Küchentuch gut abtropfen lassen.

2. Den Spargel in 4 Portionen teilen und jede Spargelportion zuerst mit einer Scheibe Käse umwickeln und im Anschluss mit einer Scheibe Schinken. Mit einem Zahnstocher fixieren.

3. Das Mehl auf einen flachen Teller geben. Die Eier in einem tiefen Teller aufschlagen und verquirlen. Das Paniermehl auf einen weiteren flachen Teller geben. Die Spargelpäckchen nacheinander zuerst im Mehl, dann im Ei und zuletzt im Paniermehl wenden.

4. In einer großen Pfanne das Öl auf mittlerer Stufe erhitzen und die Spargelröllchen auf allen Seiten goldbraun braten, kurz auf ein Küchenpapier legen. Kresse oder Petersilie waschen und trocknen, die Petersilie hacken. Zu den Spargelröllchen servieren.

Mini-Frischkäse-Hörnchen mit Schinken und Käse

Schinken und Käse sind auch bei meinen herzhaften Hörnchen nicht wegzudenken. Die Kombi ist und bleibt der Klassiker und ist unschlagbar lecker. Die Hörnchen sind für den ersten Frühlingsausflug perfekt, passen auf jedes Frühstücksbüfett und sind auch ein tolles Snack-Mitbringsel, über das sich alle freuen.

Für 28 Hörnchen
20 Minuten
20 Minuten backen
2 Stunden Kühlzeit

1 Rührschüssel,
1 Handrührgerät,
1 Backblech,
1 Nudelholz, 1 Reibe

100 g Doppelrahmfrischkäse
100 g Butter
150 g Mehl (Weizenmehl Type 405 oder Dinkelmehl Type 630) + etwas mehr für die Arbeitsfläche
½ TL Salz
50 g mittelalter Gouda (alternativ Emmentaler) am Stück
4 Scheiben runder Kochschinken
1 Eigelb (Größe M)

1. Doppelrahmfrischkäse, Butter, Mehl und Salz in eine Rührschüssel geben und mit dem Handrührgerät oder der Küchenmaschine zu einem glatten Teig verarbeiten. Mit den Händen anschließend zu einer Kugel formen. In Frischhaltefolie wickeln und mindestens 2 Stunden (oder über Nacht) im Kühlschrank kühlen.

2. Den Backofen auf 180 °C (Umluft 160 °C) vorheizen. Ein Backblech mit Backpapier auslegen. Den Teig halbieren und eine Hälfte bis zur Verarbeitung zurück in den Kühlschrank geben.

3. Etwas Mehl auf die Arbeitsfläche streuen. Die erste Teigportion zuerst etwas mit den Händen kneten, dann mit dem Nudelholz zu einem Kreis von ca. Ø 26 cm ausrollen, dabei den Teig ab und zu wenden. In 14 »Tortenstücke« teilen.

4. Den Käse reiben und jede Kochschinkenscheibe in 7 Dreiecke schneiden. Jeweils ein Schinkendreieck auf jedes Teigdreieck legen sowie etwas Käse an der breiten Seite verteilen. Jedes »Tortenstück« von der breiten Seite her bis zur Spitze aufrollen und leicht zum Hörnchen biegen. Hörnchen auf das Backblech legen und darauf achten, dass die Spitze unter den Hörnchen liegt.

Tipp: Zur Aufbewahrung die Hörnchen in eine Bäckertüte oder Keksdose geben.

5. Mit der zweiten Hälfte des Teiges ebenfalls so verfahren. Ein Eigelb verquirlen und alle Hörnchen mit einem Pinsel dünn damit bestreichen. Die Hörnchen im heißen Backofen auf der mittleren Schiene ca. 20 Minuten backen, bis sie goldgelb sind.

Tipp: Wenn du es sehr würzig und scharf magst, kannst du die Masse mit scharfem Paprikapulver, Chiliflocken und/oder Kreuzkümmel würzen.

Spinat-Feta-Auflauf Börek Style

Ein vegetarischer Auflauf aus den Börek-Zutaten, der etwas Urlaubsfeeling auf den Tisch zaubert. Er ist unschlagbar einfach in der Zubereitung und schmeckt auch kalt sehr lecker. Er macht sich bei einem Frühstücksbrunch gut und ist ideal zum Mitnehmen.

Für 4 Portionen
15 Minuten
40 Minuten backen

1 großer Topf mit Deckel,
1 Rührschüssel,
1 Auflaufform (Ø 28 cm)

150 g junger Blattspinat
2 Knoblauchzehen
1 EL Pflanzenöl + etwas mehr für die Form
Salz
4 Eier (Größe M)
200 g Schmand
200 ml Milch (3,5 % Fett)
50 ml Sahne
100 ml Sprudelwasser
200 g Feta
1 Msp. schwarzer Pfeffer
1 Msp. frisch geriebene Muskatnuss
1 fertiger Filo- und Yufkateig (250 g; Kühlregal)

1. Den Backofen auf 200 °C (Umluft 180 °C) vorheizen. Den Spinat putzen, waschen, trocknen und nach Belieben zerkleinern. Den Knoblauch schälen und klein würfeln. Das Öl in einem großen Topf erhitzen und den Spinat mit dem Knoblauch unter gelegentlichem Rühren andünsten, bis der Spinat zusammenfällt. Mit einer Prise Salz würzen und beiseitestellen.

2. Eier, Schmand, Milch, Sahne und Sprudelwasser in eine große Rührschüssel geben und mit einem Schneebesen gut verrühren. Den Spinat hineingeben und den Feta hineinbröckeln, mit 1 ½ TL Salz sowie Pfeffer und Muskatnuss sehr kräftig würzen und alles vermengen.

3. Die Filoteigplatten mit einer Küchenschere in vier Teile schneiden, die einzelnen Teigblätter mit der Hand wie Papier knüllen und in die Schüssel zur Spinat-Feta-Mischung geben, mit einem Kochlöffel hinunterdrücken und recht gut vermengen.

4. Die Auflaufform mit etwas Öl einpinseln. Die sehr flüssige Masse vorsichtig in die Form gießen und gleichmäßig verteilen. Den Auflauf im heißen Ofen auf der zweiten Schiene von unten ca. 40 Minuten backen. Im Anschluss 5 Minuten ruhen lassen, dann fällt der aufgegangene Auflauf auch wieder ein.

Rhabarber-Dessert mit Bananensahne

Meine Liebe zu Rhabarber habe ich leider sehr spät entdeckt, dafür ist sie aber unerschütterlich geworden. Jedes Jahr freue ich mich sehr, wenn die heimische Ernte losgeht. Bei diesem Rezept landet der Rhabarber in einem Dessert, kombiniert mit Banane in Sahne. Du wirst staunen, was das geschmacklich für ein tolles Pärchen ist.

Für 4 Portionen
25 Minuten

1 große Auflaufform (ca. 30 × 20 cm), 4 Gläser à 200 ml, 1 Rührbecher, 1 Handrührgerät, 1 flacher Teller

500 g Rhabarber
60 g Zucker
2 Pck. Bourbon-Vanillezucker
1 Msp. Natron
3 EL Apfelsaft
150 g Sahne
½ Pck. Sahnesteif
2 reife Bananen
Backkakao oder Zimtpulver zum Bestreuen

1. Den Backofen auf 200 °C (Umluft 180 °C) vorheizen. Den Rhabarber gründlich waschen, Blätter und Stielenden großzügig abschneiden. Die Stangen in ca. 1 cm große Stücke schneiden. Dicke, faserige Stangen sollten geschält werden. In eine Auflaufform geben, diese muss nicht eingefettet werden.

2. Die Rhabarberstückchen mit dem Zucker, Bourbon-Vanillezucker und Natron bestreuen sowie den Apfelsaft darüber träufeln. Alles gut miteinander vermischen und für 15 Minuten auf der mittleren Schiene im heißen Backofen backen. Den Rhabarber gleichmäßig auf 4 Gläser verteilen und vollständig abkühlen lassen.

3. Für die Bananensahne die Sahne in einen Rührbecher geben, mit den Quirlen des Handrührgerätes steif schlagen und dabei das Sahnesteif hineinstreuen.

4. Die Bananen schälen und auf einem flachen Teller mit einer Gabel zerdrücken. Den Bananenbrei vorsichtig unter die Sahne heben.

5. Die Bananensahne auf dem erkalteten Rhabarber verteilen und bis zum Servieren in den Kühlschrank stellen. Vor dem Servieren mit Kakao- oder Zimtpulver bestreuen.

Tipp: Du kannst das Dessert prima vorbereiten und im Kühlschrank parken – wenn dir eine leicht gebräunte Bananensahne nichts ausmacht, dann sogar über Nacht.

Erdbeer-Tiramisu im Glas

Ein Erdbeer-Tiramisu ist im Frühling eine tolle Alternative zur klassischen Variante mit Kaffee und Amaretto. Ein unkompliziertes Dessert mit großer Wirkung, das die Herzen aller Erdbeerfans höher schlagen lässt.

Für 4 Portionen
30 Minuten
1 Stunde Kühlzeit

1 Sieb, 1 Rührbecher, 1 Rührschüssel, 1 Pürierstab, 4 Gläser à 200 ml

500 g Erdbeeren
3 EL Zucker, Menge geteilt
250 g Mascarpone
250 g Magerquark
1 Päckchen Bourbon-Vanillezucker
Saft von 1 Limette
100 g Löffelbiskuit (ca. 2–3 Stück pro Glas)
80 ml Orangensaft
frische Minze zum Dekorieren

1. Die Erdbeeren kurz in Wasser tauchen, in einem Sieb abtropfen lassen und auf einem Küchentuch trocknen. Die Kelchblätter herausschneiden. 250 g Erdbeeren in einen Rührbecher geben, 1 EL Zucker hinzugeben, mit dem Pürierstab pürieren und anschließend kühlen.

2. Für die Mascarponecreme den Mascarpone, Quark, 2 EL Zucker, Vanillezucker und den Limettensaft in eine Rührschüssel geben und mit dem Schneebesen glatt rühren. 4 kleine Erdbeeren für die Deko beiseitelegen. Die restlichen Erdbeeren in kleine Würfel schneiden und vorsichtig unter die Mascarponecreme heben.

3. 4 Gläser bereitstellen. Pro Glas ca. 1–1,5 Löffelbiskuit in kleine Stücke brechen und hineingeben. 2 TL Orangensaft pro Glas auf das Biskuit träufeln. Mascarponecreme darauf verteilen und darauf eine Schicht Erdbeerpüree. Eine zweite Schicht mit 1–1,5 Löffelbiskuit pro Glas auf jedes Glas verteilen, dann wieder mit 2 TL Orangensaft beträufeln, Mascarponecreme darauf verteilen und mit Erdbeerpüree abschließen. Das Erdbeer-Tiramisu im Glas für mindestens 1 Stunde kaltstellen. Vor dem Servieren mit Erdbeeren und Minze dekorieren.

Tipp: Statt reinen Orangensaft Erdbeerlimes oder Amaretto mit Orangensaft mischen.

Erdbeer-Puddingkuchen ohne Backen

In der Erdbeerzeit ist ein Kuchen ohne Backen ein »Must-have« im Rezept-Repertoire, gerade wenn sich an heißen Frühlingstagen Kaffeebesuch angekündigt hat. Du kannst diesen Puddingkuchen prima weit im Voraus zubereiten, da er ohnehin für mindestens 3 Stunden in den Kühlschrank wandert.

Für 8 Stück
30 Minuten
3 Stunden Kühlzeit

1 großer Gefrierbeutel, 1 Nudelholz, 1 Topf, 1 Springform (Ø 26 cm), 1 Sieb, 1 Rührbecher

200 g Vollkornbutterkekse (alternativ Butterkekse)
100 g Butter
500 g Erdbeeren
350 ml Milch, Menge geteilt
1 Pck. Vanillepuddingpulver (à 35 g oder 37 g)
75 g Zucker
2 Pck. Bourbon-Vanillezucker
250 g Schmand (alternativ Crème fraîche)
1 TL Zitronenabrieb
1 Pck. roter Tortenguss

1. Für den Boden die Butterkekse in einen Gefrierbeutel geben, verschließen und mit einem Nudelholz sehr fein klopfen, alternativ den Multizerkleinerer nehmen. Die Butter in einem Topf erwärmen, die Brösel hineingeben und mit der Butter vermengen.

2. Die Springform mit Backpapier auslegen und die Bröselmasse darin gleichmäßig verteilen. Festdrücken und kühl stellen. Die Erdbeeren waschen, in einem Sieb abtropfen lassen und auf einem Küchentuch trocknen. Die Kelchblätter herausschneiden.

3. In einem Rührbecher 100 ml Milch, Vanillepuddingpulver, Zucker und Bourbon-Vanillezucker anrühren. Die restlichen 250 ml Milch in einem Topf zum Kochen bringen, kurz von der Herdplatte nehmen, um die Pulver-Milch-Flüssigkeit unterzurühren. Puddingmasse bei mittlerer Hitze unter ständigem Rühren kurz aufkochen, bis sie eindickt.

4. Den Schmand und den Zitronenabrieb mit dem Pudding verrühren. Die Pudding-Schmand-Masse auf dem Keksboden verteilen. Die Erdbeeren halbieren oder vierteln und auf der Masse verteilen. Den Tortenguss nach Packungsanweisung zubereiten und heiß auf dem Kuchen verteilen. Für mindestens 3–4 Stunden kaltstellen.

Tipp: Je länger der Kuchen kühlt, umso schnittfester wird die Puddingmasse und umso fester der Keksboden.

Tipp: Butter und Eier solltest du für einer Rührteig mindestens 3–5 Stunden vor de Verarbeitung aus dem Kühlschrank nehm damit sie Zimmertemperatur bekommer und sich die Zutaten optimal verbinden.

Joghurtkuchen mit Rhabarber und Erdbeeren

Erdbeeren und Rhabarber passen perfekt zusammen, erst recht in einem Rührkuchen. Erdbeeren zu backen mag dir vielleicht etwas befremdlich vorkommen, aber es schmeckt wunderbar und macht den ohnehin saftigen Kuchen noch saftiger.

Für 8 Stück
10 Minuten
50 Minuten backen

1 Sieb, 2 kleine Schüsseln, 1 große Rührschüssel, 1 Handrührgerät, 1 Springform (Ø 26 cm)

- 150 g Erdbeeren
- 300 g Rhabarber
- 190 g Zucker
- 1 Vanilleschote (oder 1 Pck. Bourbon-Vanillezucker)
- 175 g Butter + etwas mehr für die Form
- 3 Eier (Größe M)
- 275 g Weizenmehl Type 405 oder Dinkelmehl Type 630 + etwas mehr für die Form
- 8 g Backpulver
- 150 g Vollmilchjoghurt (3,5 % Fett)
- 50 g Mandelstifte
- Puderzucker zum Bestreuen

1. Den Backofen auf 180 °C (Umluft 160 °C) vorheizen. Die Erdbeeren kurz in Wasser tauchen, in einem Sieb abtropfen lassen und auf einem Küchentuch trocknen. Die Kelchblätter herausschneiden und je nach Größe halbieren oder vierteln. Den Rhabarber gründlich waschen, Blätter und Stielenden großzügig abschneiden. Dicke, faserige Stangen sollten geschält werden. Die Stangen in ca. 1 cm große Stücke schneiden. Beide Früchte in eine Schüssel geben und mit ca. 1 EL Zucker vermengen.

2. Vanilleschote aufschneiden und Mark herauskratzen. Butter, 175 g Zucker und Vanillemark in eine Rührschüssel geben und mit den Quirlen des Handrührgeräts ca. 3 Minuten verrühren, bis die Masse hell-cremig ist. Die Eier einzeln nacheinander jeweils ca. 30 Sekunden einrühren.

3. Das Mehl mit dem Backpulver in einer kleinen Schüssel mischen und gemeinsam mit dem Joghurt max. 30 Sekunden unter die Masse rühren. Die Springform einfetten und mit Mehl ausstreuen. Den Teig in die Form geben und mit einem Teigschaber gleichmäßig verteilen. Die eine Hälfte der Früchte ungefähr 1 cm tief in den Teig hineindrücken, die andere Hälfte oben auf dem Teig verteilen und die Mandelstifte darüberstreuen. Für 45–55 Minuten auf die mittlere Schiene in den heißen Backofen geben. Vor dem Servieren mit Puderzucker bestreuen.

Sommer

Was hält der Sommer für uns bereit?

Sommer! Endlich! Juli und August sind die erntereichsten Monate. Die Felder, Sträucher und Bäume strotzen vor Pracht. Knackig frisches Gemüse und Obst sorgen bei mir für allerbeste Laune. Denn außer Kochen gibt es in diesen Monaten noch viel mehr zu tun: Beerenkuchen backen, Marmelade kochen, Gemüse einmachen und, und, und. Gibt es etwas Schöneres, als im Winter die Gläser zu öffnen und ein Gefühl von Sommer auf dem Teller zu haben?

Im Juni …

… steht der Sommer vor der Tür. Für mich ist es der Monat, auf den ich mich besonders freue. Manche Tage sind oft sogar heißer als im Juli. Und das macht sich auf den Beeten und an den Sträuchern sehr bemerkbar. Es ist Salatzeit! Und es ist Beerenzeit! Die Erdbeeren wachsen und werden dank der vielen Sonnenstunden immer aromatischer, die ersten Johannisbeeren färben sich dunkelrot. Möhren, Kartoffeln, Erbsen, Zucchini, Blumenkohl, Brokkoli – willkommen in meiner Küche.

Im Juli …

… ist der Sommer da! Das botanische Jahr hat seinen Höhepunkt erreicht. Kein Wunsch bleibt unerfüllt. Alle Lebensmittel können einfach durch eine enge Verwandte im Speiseplan ersetzt werden. Juli ist der Monat, in dem die Sommergemüse- und Obstsorten mit Sonne vollgetankt sind. Alles, was an Hecken, Sträuchern oder auf dem Feld wächst, kommt saftig auf die Teller. Auberginen, Paprika, Tomaten, aber auch Brombeeren und Mirabellen. Die Frage »Was koche ich heute bloß?« hat sich von jetzt an für eine ganze Weile erledigt.

Im August …

… läuft mir bei jedem Marktspaziergang das Wasser im Mund zusammen, die Stände sind knallbunt bestückt. So üppig und prächtig ist das Strauch-, Feld-, Beet- und Baumangebot. Von A wie Aubergine bis Z wie Zwetschge ist alles dabei. Selbst die klassischen Südfrüchte wie Nektarinen und Pfirsiche hängen jetzt hierzulande reif an den Bäumen. Bis auf Erdbeeren sind alle Beerensorten da, auch die ersten frischen Äpfel pflücke ich am liebsten selbst vom Baum.

Im September …

… ist es oft noch heiß und sonnig, die Ernte ist üppig. Aber: Der kalendarische Sommer neigt sich dem Ende zu, statt Beeren gibt es jetzt Äpfel, Birnen und Pflaumen en masse. Und: Gemüsesorten wie Kürbis sind deutliche Vorboten des Herbstes. Doch das ist noch lange kein Grund, Trübsal zu blasen. Meine »3-E-Formel« hilft, dem Winterblues vorzubeugen: einmachen, einfrieren, einkochen. Mit den Kräutern verhält es sich ähnlich. Bei Sorten wie Dill, Thymian, Petersilie und Basilikum neigt sich die Saison dem Ende zu. Deshalb: Schnell viel einfrieren oder zu Pesto verarbeiten.

Sommer auf dem Tisch

Im Sommer steht bei mir natürlich die leichte, frische Küche jeden Tag auf dem Speiseplan. Gemüse und Salat bereite ich in allen erdenklichen Variationen zu. Aber von Salat, Rohkost und allem anderen Grünzeug kann ein Mensch ja nicht allein leben, erst recht nicht, wenn hungrige Kinder mit klopfendem Besteck in der Hand am Tisch sitzen. Deshalb muss manchmal auch etwas Herzhafteres auf den Tisch, zum Beispiel die Steakpfanne Tex-Mex-Style mit erntefrischer Paprika (Seite 91), die Wraps mit Hähnchen (Seite 78) oder Rotes Thai-Curry mit reichlich Paprika und Kaiserschoten (Seite 88).

An Blattsalaten ist im Hochsommer wirklich alles vorhanden, was man sich nur vorstellen kann. Lediglich der Feldsalat lässt noch auf sich warten. Aber wenn du mal keine Lust auf eine üppige grüne Schüssel hast, sondern nach einer außergewöhnlichen Variante suchst, solltest du den Mediterranen Brotsalat mit süßen Kirschtomaten (Seite 72) oder gekühlten Wassermelonensalat mit Feta und frischer Minze (Seite 75) ausprobieren. Ich schwöre: Es gibt nichts Erfrischenderes zu essen als diesen Salat an einem heißen Sommertag.

Die Glücklichen mit Garten oder Balkon können natürlich jeden Tag den Grill anmachen. Klar, mittlerweile ist auch Wintergrillen total hip, aber im Sommer lässt sich all das schöne Gemüse mit etwas Öl ebenfalls auf den Rost legen: Zucchini, Auberginen, Pilze. Dazu mache ich immer, je nachdem, welches Fleisch oder ob überhaupt Fleisch gegrillt wird, jede Menge frischer Dips, und natürlich darf dabei auch mein Griechisches Tsatsiki (Seite 100) nicht fehlen. Cevapcici (Seite 87) lassen sich unglaublich gut für einen Grillabend einplanen und landen regelmäßig auf dem Rost. Zur weiteren Freude meiner Gäste gibt es oftmals meine Currywurstsoße (Seite 76), die nicht nur zu einer leckeren Bratwurst passt, sondern auch als Soße zu Grillfleisch. Solltest du nicht mit Außen- und Grünfläche gesegnet sein, lass dich einfach zum Barbecue einladen und bringe meinen Bunten Sommersalat (Seite 71) mit zum Grillabend. Der ist unkompliziert und lecker.

Zu meinen absoluten Sommergemüselieblingen gehören übrigens Auberginen und Zucchini. Tomaten und Paprikaschoten sowieso, aber die sind selbstverständlicher, weil man sie auch pur als Rohkost oder im Salat essen kann. Für Zucchini und Auberginen braucht es ein schönes Rezept, denn zumindest Auberginen sind roh und pur ungenießbar. Als vegetarische Variante kann ich dir das Tomaten-Zucchini-Mozzarella-Gratin (Seite 96) empfehlen. Ansonsten sind die Gefüllten Zucchini-Schiffchen mit Hackfleisch (Seite 99) eine sommerlich-herzhafte Wucht, und nicht zu vergessen meine Zucchini-Quiche mit Schinken (Seite 103), die für einen lauen Sommerabend auf Balkon oder Terrasse eine äußerst praktische Mahlzeit ist.

Auch im Hochsommer gehört für mich immer ein tolles Dessert zum krönenden Abschluss. Je leichter und frischer es ist, desto mehr gefällt es mir an heißen Tagen. Mein Zitroneneis (Seite 104) ist wirklich das Nonplusultra an Abenden, an denen das Thermometer kaum unter 30 Grad fällt. Und das Beeren-Schichtdessert (Seite 107) solltest du eigentlich den ganzen Beerensommer über machen – es ist übrigens auch immer ein tolles Mitbringsel.

Bunter Sommersalat

Dieser bunte Salat ist ein Familienrezept meiner Schwiegerfamilie und kommt regelmäßig den ganzen lieben langen Sommer auf den Tisch. Er ist sehr erfrischend, ganz einfach und schnell gemacht und mit erntefrischem Sommergemüse unschlagbar lecker.

Für 4 Portionen
20 Minuten

1 Salatschüssel

1 Zwiebel
1 TL Salz + etwas mehr zum Abschmecken
1 Salatgurke
1 Paprikaschote, gelb, grün oder rot (oder von jedem ein bisschen)
4 Tomaten
2 EL Olivenöl
nach Belieben Kräutersalz
Pfeffer

1. Die Zwiebel halbieren, schälen und in feine Halbringe schneiden, in eine Schüssel geben und mit 1 TL Salz vermengen.

2. Die Salatgurke waschen, nach Belieben stellenweise oder komplett schälen, halbieren und mit Kernen in Würfel schneiden (nicht aushöhlen). Die Paprikaschote waschen, entkernen und in beliebig große Würfel schneiden. Beides zu den Zwiebeln geben und alles gut miteinander vermengen.

3. Die Tomaten waschen, Strunk entfernen und vierteln oder achteln (nicht entkernen) und ebenfalls zum Gemüse geben. Alles mit Olivenöl vermengen und mit (Kräuter-) Salz und Pfeffer abschmecken. Etwas ziehen lassen.

Mediterraner Brotsalat

Er ist der perfekte Sommer- und Grillsalat und hat schon unglaublich viele Fans unter meinen Blogleserinnen und -lesern. Für eine Einladung kannst du ihn sehr gut vorbereiten und transportieren, denn die Zutaten werden ohnehin erst kurz vor dem Servieren miteinander vermengt.

Für 6 Portionen
25 Minuten

1 große Pfanne,
1 kleine Schüssel
1 große (Salat-)Schüssel

100 g Pinienkerne
300 g Ciabatta
2 Knoblauchzehen
3–4 EL Olivenöl
250 g Rucola
1 große rote Zwiebel
250 g Kirschtomaten
150 g getr. Tomaten, in Öl und Kräutern eingelegt
100 g Parmesan
20 Blättchen Basilikum, frisch

Für das Dressing:
6 EL Olivenöl
4 EL dunkler Balsamicoessig
½ TL Honig
Saft von ½ Zitrone
Salz
schwarzer Pfeffer

1. Die Pinienkerne ohne Zugabe von Fett in der Pfanne auf mittlerer Stufe rösten, bis sie schön braun geworden sind. Achtung: Sie verbrennen schnell! Aus der Pfanne nehmen und beiseitestellen.

2. Das Ciabatta erst in ca. 1 ½ cm dicke Scheiben und dann in Stücke schneiden. Die Knoblauchzehen schälen und in sehr feine Scheiben schneiden. Das Olivenöl in der Pfanne erhitzen, die Brotwürfel und etwas später den Knoblauch hineingeben und bei mittlerer Hitze anrösten. Die Pfanne vom Herd nehmen.

3. Den Rucola putzen, waschen und gut trocken schütteln. Die Zwiebel halbieren, schälen und in Ringe schneiden. Die Kirschtomaten waschen und halbieren. Die getrockneten Tomaten etwas abtropfen lassen und in Streifen schneiden.

4. Für das Dressing alle Zutaten in einer kleinen Schüssel miteinander vermengen und mit Salz und schwarzem Pfeffer aus der Mühle nach Geschmack würzen.

5. Den Parmesan hobeln und die frischen Basilikumblätter waschen und trocknen. Kurz vor dem Servieren alle Zutaten mit dem Dressing in einer großen Salatschüssel miteinander vermengen.

Wassermelonensalat mit Feta

Ein erfrischender Sommersalat mit spritzigem Dressing, Feta und Minze. Er ist perfekt an heißen Sommertagen, wenn die Küche buchstäblich kalt bleiben soll und allein das Wort »kochen« schon zu Hitzeattacken führt. Aber auch an einem Grillabend macht er alle glücklich, ergänzt wunderbar gebratenen Fisch oder Fleisch und Vegetarier lieben ihn ebenfalls.

Für 4 Portionen
20 Minuten

1 Reibe, 1 Salatschüssel, 1 kleine Pfanne

1 ½ kg kernlose Wassermelone (ungeputzt)
1 Limette, davon den Abrieb
50 g Pinienkerne
200 g Feta
3–4 Stängel frische Minze

Für das Dressing:
Saft von ½ Orange
Saft von ½ Limette
2 EL Olivenöl
1 EL Honig
1 Msp. Chiliflocken
Salz

1. Die Wassermelone mit einem Brotmesser aufschneiden, Melonenfruchtfleisch entfernen und ca. 1 kg für den Salat abwiegen. Das Fruchtfleisch in ca. 1 ½ cm große Würfel schneiden. Die Limette waschen und 1 EL von der Schale für das Anrichten abreiben.

2. Für das Dressing jeweils eine Orangen- und Limettenhälfte auspressen und in die Salatschüssel gießen. Beide Säfte mit Olivenöl und Honig verrühren und mit Chiliflocken und Salz würzen. Mit den Melonenstückchen vermengen und diese etwas marinieren lassen.

3. Die Pinienkerne in einer kleinen Pfanne ohne Zugabe von Fett anrösten. Achtung: Sie verbrennen schnell! Den Feta mit den Händen in eine beliebige Größe zerbröseln. Die Minze waschen, trocken schütteln und die Blättchen klein zupfen. Entweder alle Zutaten mit den marinierten Wassermelonenstücken in einer Schüssel vermengen oder auf einzelnen Tellern anrichten.

Bratwurst mit Currywurstsoße

Mit einer selbst gemachten Currywurstsoße holt man das Imbiss-Feeling nach Hause. Ich bereite sie ohne Ketchup, Cola, Fertigsoßen und übermäßig Zucker zu, und dennoch ist sie schnell gemacht und unfassbar lecker. Sie wird zum Mittag- oder Abendsnack genauso mit einem Hurra begrüßt wie an einem Grillabend.

Für 6 Portionen
20 Minuten

1 kleiner Topf,
1 große Pfanne

- 1 Schalotte
- ½ Peperoni
- 3 EL Pflanzenöl (z. B. Raps- oder Sonnenblumenöl), Menge geteilt
- 30 g Tomatenmark
- 3 TL mildes Paprikapulver
- 2 TL Currypulver + etwas mehr zum Bestreuen
- 1 Prise Salz
- 1 Msp. schwarzer Pfeffer
- 1 ½ EL brauner Zucker
- 75 ml Orangensaft (frisch oder 100 % Direktsaft)
- 500 g passierte Tomaten
- 1 Zimtstange
- 4 Rostbratwürste

1. Die Schalotte schälen und fein würfeln, die Peperoni waschen, entkernen und in feine Würfel schneiden. 2 EL Öl in einem Topf erhitzen und darin die Schalotten- und Peperoniwürfel dünsten, bis die Schalotte glasig ist.

2. Tomatenmark, Paprikapulver, Currypulver, Salz, Pfeffer und Zucker dazugeben und alles kurz mitdünsten. Im Anschluss mit dem Orangensaft ablöschen und gut miteinander verrühren. Zuletzt die passierten Tomaten und die Zimtstange unterrühren. Für 15–20 Minuten ohne Deckel sanft köcheln lassen. Die Zimtstange aus der Soße entfernen und noch einmal nach Belieben abschmecken.

3. Zwischenzeitlich Öl in einer beschichteten (Grill-)Pfanne erhitzen und die Rostbratwürste bei mittlerer bis hoher Hitze von allen Seiten goldbraun anbraten. Aus der Pfanne nehmen, klein schneiden und in Servierschälchen verteilen. Soße in beliebiger Menge darübergeben und mit Currypulver bestreuen.

Tipp: Die Soße schmeckt auch sehr lecker mit einer vegetarischen Bratwurst.

Hähnchen-Wrap mit Avocadocreme

In den leckeren Hähnchen-Wrap kommen viele sommerliche Zutaten hinein. Der gesunde Snack lässt sich prima und einfach vorbereiten, braucht allerdings seine Zeit. Aber es lohnt sich, denn er macht der ganzen Familie Freude und ist eine prima Verpflegung für unterwegs, auch auf dem Weg in den Sommerurlaub.

Für 6 Portionen
50 Minuten

2 kleine Schüsseln, 1 große Pfanne, 1 Zesterreibe, Küchengarn

1 reife Avocado
1 Limette
1 Knoblauchzehe
Salz, Pfeffer
1 rote Zwiebel
1 gelbe Paprikaschote
300 g Hähnchenbrustfilet
1 EL Pflanzenöl (z. B. Raps- oder Sonnenblumenöl)
1 Prise Cayennepfeffer
150 g Feta
¼ Kopf Eisbergsalat
2 Frühlingszwiebeln
2 Tomaten
3 EL Crème fraîche
4–6 Stück Weizentortillas

1. Die Avocado mit einem scharfen Messer ringsum aufschneiden, aufklappen und den Kern entfernen. Mit einem Löffel das Fruchtfleisch herauslösen und in eine kleine Schüssel geben. Die Limette heiß abwaschen, trocknen und eine Hälfte auspressen, über die Avocado träufeln. Die Knoblauchzehe schälen und hineinpressen. Mit einer Gabel zerdrücken, mit Salz und Pfeffer abschmecken und cremig rühren. Beiseitestellen.

2. Die Zwiebel halbieren, schälen und in feine Halbringe schneiden. Die Paprikaschote waschen, trocknen, entkernen und in kurze Streifen schneiden. Das Hähnchenbrustfilet mit Küchenpapier abtupfen, in Streifen schneiden und salzen.

3. Das Öl in einer Pfanne erhitzen, die Filetstreifen hineingeben und bei hoher Hitze 3 Minuten ringsum anbraten. Zwiebeln und Paprikaschote dazugeben und 2 Minuten mitrösten, dabei mit 1 Prise Salz und Cayennepfeffer würzen. Beiseitestellen.

4. Den Feta mit einer Gabel zerbröseln. Den Eisbergsalat putzen, die Blätter waschen, trocknen und in dünne Streifen schneiden. Die Frühlingszwiebeln waschen, putzen und in feine Ringe schneiden, die Tomaten waschen, den

Strunk herausschneiden, die Tomaten vierteln, entkernen und in kleine Würfel schneiden. Mit einer Zesterreibe ca. 1 TL Schale der Limette abreiben und in einer kleinen Schüssel mit der Crème fraîche vermengen, mit Salz und Pfeffer abschmecken.

5. Die Weizentortillas nach Packungsanweisung erwärmen und auslegen. Die Avocadocreme u-förmig vom oberen Rand weg darauf verteilen, die restlichen Zutaten obenauf geben und mit Limetten-Crème-fraîche und Fetabröseln abschließen. Der untere Tortillateil wird nach oben umgeklappt, die rechte Hälfte nach links, die linke Hälfte nach rechts darübergelegt.

6. In Butterbrotpapier oder Servietten einrollen und mit Küchengarn zubinden. Nach Belieben in die Öffnung die restlichen Zutaten füllen.

Mediterrane Fisch-Pfanne

In dieses einfache Fischgericht kommen viele Kirschtomaten hinein, die im Sommer überall aus dem Boden schießen und aus Kübeln wachsen und gerade dann unwiderstehlich schmecken. Ein leckeres Fischgericht, das nach Urlaub am Mittelmeer schmeckt.

Für 4 Portionen
30 Minuten

1 Zitruspresse,
1 große Pfanne mit Deckel

600 g festes, weißes Fischfilet mit Haut (z. B. vom Kabeljau, Rotbarsch, Seelachs)
Salz
Pfeffer
1 Zitrone
3 Frühlingszwiebeln
1 kleine rote Zwiebel
2 Knoblauchzehen
250 g Kirschtomaten
1 Zweig Thymian
1 Zweig Rosmarin
1 EL Olivenöl
120 g Butter
1 Msp. Chiliflocken

1. Das Fischfilet auf beiden Seiten trocken tupfen, in vier gleich große Stücke teilen und gut mit Salz und Pfeffer würzen. Die Zitrone auspressen. Die Frühlingszwiebeln waschen, trocknen, die Enden abschneiden und komplett in dünne Ringe schneiden. Die Zwiebel und den Knoblauch schälen und in feine Würfel schneiden. Die Kirschtomaten waschen, trocknen und halbieren. Thymian- und Rosmarinzweig waschen und trocknen.

2. Das Öl in einer großen Pfanne erhitzen. Frühlingszwiebeln, Zwiebeln und Knoblauch darin bei mittlerer Hitze ca. 1 Minute glasig dünsten. Etwas Platz schaffen und die Fischfiletstücke auf der Hautseite in die Pfanne legen.

3. Mit Zitronensaft übergießen und die Kirschtomaten sowie die Kräuter in den Zwischenräumen verteilen. Die Butter in Stücke schneiden und ebenfalls in den Zwischenräumen verteilen. Chiliflocken darüberstreuen und mit geschlossenem Deckel 8–10 Minuten bei mittlerer Hitze garen.

Tipp: Ich serviere meistens einfach nur frisches Brot zur Fischpfanne, aber es passen auch sehr gut Reis oder Salzkartoffeln dazu.

STAUB

Zitronen-Lachs aus dem Ofen

Ein leichtes Ofengericht, das auch wunderbar an warmen Tagen funktioniert. Es landet schnell im Backofen und genauso schnell ist es auch wieder heraus. Ein Essen, das sogar im Sommer nach Sommer und Sonne schmeckt. Dazu ein krosses Baguette und alle sind glücklich.

Für 4 Portionen
15 Minuten
20 Minuten backen

1 große Auflaufform (ca. 30 × 20 cm)

- Olivenöl für die Form
- 4 Lachsfilets (ohne Haut)
- Salz
- 1 Zitrone
- 5 Thymianzweige
- 3 Knoblauchzehen (alternativ eine frische Knolle)
- 5 EL Olivenöl
- 1 EL Honig
- Pfeffer

1. Den Backofen auf 180 °C (Umluft 160 °C) vorheizen. Die Auflaufform einfetten. Die Lachsfilets trocken tupfen, salzen und in die Auflaufform legen.

2. Die Zitrone heiß abwaschen, trocknen und halbieren. Eine Zitronenhälfte in ca. 3 mm dicke Scheiben schneiden, diese nochmals halbieren und rund um den Lachs verteilen. Die andere Zitronenhälfte auspressen und den Saft beiseitestellen.

3. Die Thymianzweige waschen und trocknen. Die Knoblauchzehen ungeschält etwas andrücken oder alternativ eine kleine frische, ganze Knolle längs vierteln. Ebenfalls alles um die Lachsfilets herum verteilen.

4. Olivenöl, Zitronensaft und Honig gut verrühren und kräftig mit Salz und Pfeffer abschmecken.

5. Das Dressing über die Lachsfilets gießen und ca. 20 Minuten auf der mittleren Schiene im heißen Backofen garen.

Tipp: Du kannst auch tiefgekühlten Lachs verwenden, diesen vorher sanft im Kühlschrank auftauen lassen.

Paella mit Hähnchen und Meeresfrüchten

Den Klassiker aus Spanien gibt es bei mir in einer einfachen Backofenversion. Das Tolle: Es ist eine sogenannte blinde Paella (***Paella ciega***), somit ist sie alltags- und familientauglich, denn darin verstecken sich keine Schalen, Gräten oder Knochen.

Für 4 Portionen
15 Minuten
35 Minuten backen

1 große, ofenfeste Pfanne mit hohem Rand

250 g TK-Meeresfrüchte (ersatzweise TK-Garnelen)
1 mittelgroße Zwiebel
3 Knoblauchzehen
1 rote Spitzpaprikaschote (ca. 160 g)
400 g Hähnchenbrustfilet
1 TL mildes Paprikapulver
Salz
3 EL Olivenöl, Menge geteilt
250 g Paella- oder Risottoreis (Sorte Arborio)
100 g passierte Tomaten
800 ml Geflügelfond (selbst gemacht oder aus dem Glas)

1. Die Meeresfrüchte rechtzeitig nach Packungsanweisung auftauen lassen. Den Backofen auf 220 °C (Umluft 200 °C) vorheizen. Die Zwiebel und die Knoblauchzehen schälen und in feine Würfel schneiden. Die Paprikaschote waschen, trocknen, entkernen und ebenfalls in kleine Würfel schneiden.

2. Das Hähnchenbrustfilet mit Küchenpapier abtupfen und in ca. 1×1 cm große Würfel schneiden, mit Paprikapulver sowie einer Prise Salz würzen. In einer ofenfesten Pfanne 1 EL Olivenöl erhitzen. Die Filet- und Paprikawürfel bei hoher Hitze scharf anbraten. Aus der Pfanne nehmen und beiseitestellen.

3. Weitere 2 EL Olivenöl in der Pfanne erhitzen und die Zwiebeln und Knoblauch darin anzudünsten. Den ungekochten Reis dazugeben und unter Rühren etwas mitdünsten. Die passierten Tomaten hineingeben und alles miteinander vermengen. Mit dem Geflügelfond ablöschen und die Safranfäden und den Cayennepfeffer hineingeben. Kurz aufkochen lassen und im heißen Backofen auf der mittleren Schiene 20 Minuten ohne Deckel schmoren lassen. Den Rosmarinzweig waschen und trocknen.

½ TL Safranfäden (entspricht 3 Briefchen mit ca. 0,3 g insgesamt)
1 Msp. Cayennepfeffer (ersatzweise schwarzer Pfeffer)
1 Zweig Rosmarin
100 g TK-Erbsen
2 Lorbeerblätter (frisch oder getrocknet)
1 Zitrone, zum Servieren

4. Die Pfanne aus dem Ofen nehmen und die scharf angebratenen Hähnchenwürfel, Meeresfrüchte, tiefgekühlte Erbsen, Paprikawürfel sowie den Rosmarinzweig und die Lorbeerblätter hineingeben. Alles gut unterrühren. Für weitere 15 Minuten zurück in den heißen Backofen und wieder ohne Deckel zu Ende garen. Die Zitrone heiß abwaschen, achteln und die Zitronenspalten dazu reichen.

STAUB

Cevapcici

Der Balkan-Klassiker passt wunderbar in den Sommer. Traditionell wird das Fleisch gern auch zweimal gewolft – falls Zwiebeln hineinkommen, beim zweiten Mal mit Zwiebeln. Für das Rezept meiner Schwiegerfamilie aus Kroatien verwende ich nur Hackfleisch vom Metzger meines Vertrauens. Fleisch mit hoher Qualität macht geschmacklich den Unterschied.

Für 4 Portionen (ergibt ca. 25 Stück)
40 Minuten
2 Stunden Kühlzeit

1 große Schüssel, 1 Handrührgerät, 1 großer Teller, 1 große Pfanne

700 g gemischtes Hackfleisch
150 g Zwiebel
3 Knoblauchzehen
1 ½ TL Salz
2 TL mildes Paprikapulver
1 TL scharfes Paprikapulver
1 TL schwarzer Pfeffer aus der Mühle
½ TL Natron
1 EL Olivenöl
Pflanzenöl zum Braten (z. B. Sonnenblumenöl)

1. Das Hackfleisch in eine Schüssel geben. Die Zwiebeln schälen, in sehr feine Würfel schneiden und zum Hackfleisch geben. Die Knoblauchzehen schälen und durch eine Knoblauchpresse zum Hackfleisch pressen. Salz, die beiden Paprikapulver, Pfeffer, Natron und Olivenöl ebenfalls zum Fleisch geben. 10 Minuten mit den Händen oder mit dem Knethaken des Handrührgeräts kneten. Zum Schluss auf jeden Fall noch mal kurz mit den Händen kneten.

2. Aus der Fleischmasse ca. 2 cm dicke und ca. 10 cm lange Cevapcici-Röllchen formen. Wenn sie gleichmäßig werden sollen, gern 30 g Hackfleisch pro Fleischröllchen abwiegen. Die Cevapcici nebeneinander auf einen Teller legen und gut mit Frischhaltefolie abdecken. Für mindestens 2 Stunden an der kühlsten Stelle im Kühlschrank (über dem Gemüsefach oder in der 0-Grad-Zone) lagern und durchziehen lassen.

3. Öl in eine beschichtete Pfanne geben, sodass der Pfannenboden dünn damit bedeckt ist, und erhitzen. Bei mittlerer Hitze unter mehrmaligem Wenden die Cevapcici insgesamt ca. 8 Minuten von allen Seiten portionsweise braten.

Tipp: Die Cevapcici lassen sich auch sehr gut grillen. Hierfür empfehle ich, sie vorher mit Pflanzenöl zu bepinseln.

Rotes Thai-Curry mit Hähnchen

Ein gesundes Asia-Gericht mit erntefrischem Sommergemüse passt wochentags immer gut als schnelles Mittag- oder Abendessen. Rote Currypaste hat es in sich, wer es milder möchte, sollte lieber die gelbe verwenden. Die Schärfe steigert sich von gelb über rot zu grün.

Für 4 Portionen
30 Minuten

1 große (Wok-)Pfanne, 1 Reibe

300 g Hähnchenbrustfilet
Salz
Pflanzenöl (z. B. Raps- oder Sonnenblumenöl)
100 g Kaiserschoten
5 Frühlingszwiebeln
2 Möhren (160–180 g)
1 rote Paprikaschote (ca. 150 g)
2 Knoblauchzehen
10 g Ingwer (gern bio)
1 Stange Zitronengras
1 EL rote Currypaste (Fertigprodukt)
800 ml Kokosmilch
2 EL Sojasoße
Thai-Basilikum zum Garnieren

1. Die Hähnchenbrust trocken tupfen und in etwa 2 cm große Stücke schneiden und salzen. 1 EL Öl in einer großen (Wok-)Pfanne erhitzen und die Hähnchenstücke darin unter Wenden goldbraun anbraten, herausnehmen und beiseitestellen.

2. Kaiserschoten waschen, trocknen, die Enden etwas abschneiden und die Schoten halbieren. Die Frühlingszwiebeln waschen, trocknen, die Enden abschneiden und in dünne Stifte schneiden. Die Möhren schälen und ebenfalls in dünne Stifte schneiden. Die Paprikaschote waschen, trocknen und entkernen und in dünne Streifen schneiden. Die Knoblauchzehen schälen und in feine Würfel schneiden. Den Ingwer heiß abwaschen und mit Schale klein schneiden oder reiben. Das Zitronengras gründlich waschen und platt klopfen, bis es etwas aufplatzt.

3. In der (Wok-)Pfanne etwa 3 EL Pflanzenöl erhitzen und darin bei mittlerer Hitze die rote Currypaste, den Knoblauch und den Ingwer für ca. 1 Minute andünsten. Das gesamte Gemüse unterrühren und für 2–3 Minuten mitdünsten.

4. Im Anschluss mit Kokosmilch ablöschen, die Hähnchenbrustwürfel und die Stange Zitronengras hineingeben, aufkochen lassen, mit Sojasoße abschmecken und 2–3 Minuten leicht köcheln lassen. Nach Belieben nochmals abschmecken und mehr rote Currypaste verwenden, wenn es nicht scharf genug ist. Thai-Basilikum waschen, trocknen, die Blättchen abzupfen und zum Servieren garnieren.

Tipp: Noch geschmackvoller wird das Curry, wenn du es mit Fischsoße abschmeckst. Die bekommst du in jedem Supermarkt.

Tipp: Rindfleisch sollte mindestens 14 Tage gereift worden sein, um Zarthei und einen guten Geschmack zu erlange

Steakpfanne Tex-Mex-Style

Die berühmte Tex-Mex-Küche ist die kulinarische Verbindung aus mexikanischer und texanischer Küche. In dieser schnellen Steakpfanne sind viele der typischen Zutaten gelandet. Ich serviere sie am liebsten mit Weizentortillas, Reis oder Tortilla-Chips.

4 Portionen
30 Minuten

1 großes Sieb,
1 kleines Sieb,
1 große ofenfeste Pfanne,
1 Reibe

500 g Rinderhüftsteak
Salz
1 mittelgroße Zwiebel
2 Knoblauchzehen
2 rote Spitzpaprikaschoten
1 Chilischote nach Wahl
1 Dose Kidneybohnen (Abtropfgewicht 250 g)
1 kleine Dose Mais (Abtropfgewicht 140 g)
Pflanzenöl
40 g Tomatenmark
200 ml Rinderfond (Glas)
1 Dose stückige Tomaten (à 400 g)
½ TL gem. Kreuzkümmel
1 Prise Zucker
100 g Cheddar am Stück
Koriander nach Geschmack
50 g Crème fraîche

1. Das Rinderhüftsteak mit einem Küchentuch etwas trocken tupfen, in dünne Streifen schneiden und salzen. Die Zwiebel und den Knoblauch schälen und in feine Würfel schneiden. Die Paprikaschoten waschen, halbieren, entkernen und in feine Streifen schneiden. Die Peperoni waschen, halbieren, entkernen und in feine Würfel schneiden. Die Kidneybohnen in ein großes Sieb geben, abspülen und abtropfen lassen. Ebenso den Mais in einem kleinen Sieb abtropfen lassen.

2. 1 EL Öl in einer ofenfesten Pfanne erhitzen und die Steakstreifen portionsweise 2–3 Minuten auf hoher Stufe scharf anbraten. Aus der Pfanne nehmen und beiseitestellen. Nochmals 1 EL Öl erhitzen und die Paprikaschoten und Zwiebeln für ca. 5 Minuten anrösten. Gegen Ende den Knoblauch und das Tomatenmark kurz mitdünsten lassen. Mit Rinderfond ablöschen und den Bratensatz lösen. Die Dosentomaten, Peperoni, Mais, Kidneybohnen und das Fleisch in die Pfanne geben und mit Kreuzkümmel, einer Prise Salz und Zucker würzen, für 8 Minuten köcheln lassen. Nach Belieben abschmecken.

3. Den Cheddar reiben und darüberstreuen. Die Pfanne unter den Backofengrill stellen und den Käse einige Minuten schmelzen und braun werden lassen.

4. Koriander waschen, trocknen, die Blätter abzupfen und hacken. Zusammen mit Crème fraîche zur Steakpfanne reichen.

Nudelauflauf Tomate-Mozzarella

Wenn es im Sommer Kirschtomaten in Hülle und Fülle gibt, dann kommt dieser leckere Nudelauflauf zum Einsatz, denn es kommt eine ordentliche Menge der fruchtigen kleinen Tomaten hinein, kombiniert mit cremiger Soße und ganz viel Mozzarella.

Für 4 Portionen
35 Minuten

1 große Auflaufform (ca. 30 × 20 cm), 2 große Töpfe, 1 Sieb, 1 Reibe

Butter für die Form
400 g Nudeln (z. B. Tortiglioni oder Penne Rigate)
1 rote Zwiebel
2 Knoblauchzehen
1 Peperoni
2 EL Olivenöl
500 g passierte Tomaten
200 g Sahne
1 Prise Zucker
Salz
Pfeffer
30 g Parmesan
500 g Kirschtomaten
20 g Basilikumblätter
2 Kugeln Mozzarella (à 125 g)

1. Den Backofen auf 200 °C (Umluft 180 °C) vorheizen und die Auflaufform leicht einfetten.

2. Die Nudeln in reichlich kochendem Salzwasser nach Packungsanweisung bissfest garen. In einem Sieb abgießen, abtropfen lassen und in den Topf zurückgeben.

3. Zwiebel und Knoblauch schälen und fein würfeln. Die Peperoni waschen, putzen, entkernen und fein schneiden. In einem großen Topf das Olivenöl erhitzen und Zwiebeln, Knoblauch und Peperoni darin andünsten. Mit den passierten Tomaten und der Sahne ablöschen. Mit Zucker, Salz und Pfeffer nach Belieben abschmecken und 2–3 Minuten einkochen lassen. Den Parmesan reiben und unter die Soße rühren.

4. Die Soße in den Topf zu den Nudeln geben und gemeinsam verrühren. Die Kirschtomaten waschen, trocknen und halbieren. Die Basilikumblätter waschen und klein zupfen, beides zu den Nudeln geben. 1 Mozzarellakugel abtropfen lassen und hineinzupfen. Noch mal alles gut vermengen.

5. Nudeln mit Soße gleichmäßig in der Auflaufform verteilen. Die zweite Mozzarellakugel abtropfen lassen, klein zupfen und darüber verteilen. Im heißen Backofen auf der mittleren Schiene ca. 20 Minuten überbacken.

Tipp: Den Parmesan gern frisch reiben, industriell geriebener Parmesan aus der Tüte klumpt wegen der Trennmittel leider manchmal.

Capellini mit Garnelen in Zitronen-Sahnesoße

Diese leichte Sommerpasta mit Garnelen ist genau richtig für ein schnelles Mittagessen an einem schattigen Plätzchen oder um nach einem langen Arbeitstag noch die Abendsonne zu genießen.

Für 4 Portionen
25 Minuten

1 Sieb, 1 großer Topf, 1 Reibe, 1 kleiner Topf

450 g Garnelen (alternativ TK-Garnelen)
350 g Capellini (3-Minuten-Spaghetti)
30 g frische Petersilie
1 Zitrone
30 g Parmesan
200 ml Sahne
200 ml Geflügelfond (selbst gemacht oder aus dem Glas)
1 Prise Salz
1 Prise Pfeffer
1 Prise Zucker
Meersalz
schwarzer Pfeffer aus der Mühle

1. Die frischen oder tiefgekühlten Garnelen in einem Sieb abspülen und abtropfen lassen. Die Nudeln in reichlich kochendem Salzwasser nach Packungsanweisung bissfest garen. Abgießen, abtropfen und in den Topf zurückgeben.

2. Die Petersilie waschen, trocknen und samt Stiel klein schneiden. Die Zitrone heiß abwaschen, abtrocknen und die Schale abreiben. Eine Zitronenhälfte auspressen. Den Parmesan frisch reiben.

3. In einem Topf Sahne, Geflügelfond und Zitronensaft verrühren, aufkochen lassen und 5 Minuten auf mittlerer Stufe einköcheln lassen. Die Garnelen und die Petersilie in die Soße geben, mit Salz, Pfeffer und Zucker abschmecken und für 3 Minuten weiter köcheln.

4. Die Sahnesoße, den Zitronenabrieb und den Parmesan zu den Nudeln in den Topf geben und gut vermengen. Die sehr flüssige Soße wird nahezu von den vielen, sehr dünnen Spaghettinudeln aufgesogen. Auf warmen Tellern oder in einer Servierschüssel anrichten. Meersalz und schwarzen Pfeffer dazu servieren.

Tipp: Beim Nudeltausch darauf achten, dass die Nudeln fein bzw. dünn sind, um die viele Soße aufzusaugen.

Tomaten-Zucchini-Mozzarella-Gratin

Diese Beilage vereint meine Gemüselieblinge Tomaten und Zucchini. Am Ende der Backzeit geben sie dem Gratin viel Gemüsesaft ab, deshalb serviere ich das Gericht am liebsten mit Reis. Das Gratin passt prima zu kurzgebratenem Fleisch oder Fisch, ist aber auch eine großartige vegetarische Hauptmahlzeit für zwei.

Für 4 Portionen
10 Minuten
25 Minuten backen

1 Reibe, 1 kleine Schüssel, 1 große Auflaufform (ca. 30 × 20 cm)

350 g Zucchini
700 g Strauchtomaten
2 Kugeln Mozzarella (à 125 g Abtropfgewicht)
½ Zitrone
1 Knoblauchzehe
2 EL Olivenöl
2 EL Tomatenmark
1 TL getr. Oregano
1 TL Meersalz
1 Msp. Chiliflocken
3 Zweige frischer Thymian

1. Den Backofen auf 200 °C (Umluft 180 °C) vorheizen. Die Zucchini und Tomaten waschen und trocknen. Bei den Tomaten den Strunk herausschneiden und in ca. ½ cm dicke Scheiben schneiden, ebenso die Zucchini. Die Mozzarellakugel in ½ cm dicke Scheiben schneiden, die großen Scheiben halbieren.

2. Für die Marinade die Schale einer Zitronenhälfte abreiben, in eine kleine Schüssel geben und einen Spritzer Zitronensaft dazugeben. Den Knoblauch schälen und hineinpressen. Mit Olivenöl und Tomatenmark glatt rühren sowie mit Oregano, Meersalz und Chiliflocken würzen.

3. Mit der einen Hälfte der Marinade den Boden der Auflaufform bestreichen und die Zucchini-, Tomaten- und Mozzarellascheiben abwechselnd und weitestgehend aufrecht einschichten. Das Gemüse mit der zweiten Hälfte der Marinade bestreichen. Den Thymian waschen, trocknen, die Blätter entfernen und auf dem Gemüse verteilen. Für 25 Minuten auf der mittleren Schiene in den heißen Backofen geben.

Tipp: Wenn du Zucchini eher weicher magst, dann die Scheiben lieber dünner schneiden, ca. 0,3 cm.

STAUB

Tipp: Wenn du etwas Hackmasse übrig hast, schmeckt diese sehr gut mit Nudeln

Gefüllte Zucchini-Schiffchen mit Hackfleisch

Sommer ist Zucchini-Zeit, so viel steht fest. Je nach Erntejahr sind die Gartenbeete üppig bestückt und oft weiß man gar nicht, wohin mit den vielen Zucchini. Die Schiffchen sind eine weitere, leckere Variante, sie zu verarbeiten. Sie sind geschmacklich angelehnt an eine Zucchini-Lasagne, aber bei Weitem nicht so aufwendig.

Für 4 Portionen
20 Minuten
25 Minuten backen

1 große Pfanne,
1 große Auflaufform,
1 Reibe

- 4 mittelgroße Zucchini
- 1 mittelgroße Zwiebel
- 2 EL Olivenöl + etwas mehr für die Form
- 2 Knoblauchzehen
- 500 g Rinderhackfleisch (ersatzweise Sojahack)
- ½ TL Salz
- 1 TL mildes Paprikapulver
- 2 EL Tomatenmark
- 1 Dose passierte Tomaten (à 400 g)
- 1 ½ TL getr. Oregano
- 1 Prise Zucker
- 2 EL Crème fraîche
- 200 g Gouda am Stück

1. Den Backofen auf 200 °C (Umluft 180 °C) vorheizen. Umluft ist empfehlenswert. Die Zucchini waschen, halbieren und mit einem Tee- oder Esslöffel aushöhlen. Das Fruchtfleisch klein schneiden und beiseitestellen. Die Zwiebel schälen und in kleine Würfel schneiden.

2. In einer großen Pfanne das Olivenöl erhitzen und die Zwiebel darin glasig dünsten. Den Knoblauch schälen und hineinpressen und kurz mitdünsten, bis er duftet. Das Rinderhackfleisch hineingeben, mit Salz und Paprikapulver würzen und krümelig anbraten.

3. Das Zucchini-Fruchtfleisch und das Tomatenmark hineingeben und kurz mit anrösten. Die passierten Tomaten, Oregano und Zucker unterrühren. Kurz aufkochen lassen.

4. Ein großes Backblech oder eine große Auflaufform etwas einölen und die ausgehöhlten Zucchini darauf verteilen. Mit der Hack-Zucchini-Masse befüllen und jeweils ein paar Kleckse Crème fraîche darauf verteilen. Für 15 Minuten in den heißen Backofen auf die mittlere Schiene geben.

5. Zwischenzeitlich den Gouda fein reiben. Die gefüllten Zucchini damit bestreuen und weitere 10 Minuten im heißen Ofen zu Ende backen, bis der Käse geschmolzen ist.

Griechisches Tsatsiki

Das ist definitiv mein Lieblingsdip – den ganzen Sommer lang! Mit erntefrischer Salatgurke schmeckt es besonders lecker und schlägt jede gekaufte Variante. Tsatsiki ist wirklich einfach selbst zuzubereiten und ist absolut erfrischend, erst recht, wenn es so richtig heiß ist.

Für 4 Portionen
25 Minuten
1 Stunde Kühlzeit

1 Geschirrtuch oder feines Passiertuch, 1 kleine Schüssel

1 große Salatgurke
1 Handvoll frischer Dill
500 g griechischer Sahnejoghurt (10 % Fett i. Tr.)
2–3 Knoblauchzehen
1 EL Olivenöl
1 EL milder weißer Balsamicoessig (alternativ Weißweinessig)
1 Spritzer Zitronensaft
Salz
schwarzer Pfeffer aus der Mühle

1. Die Salatgurke schälen, längs halbieren und mit einem Teelöffel entkernen. Auf der groben Seite der Reibe direkt auf ein Geschirrtuch oder ein feines Passiertuch reiben.

2. Das Tuch mit den Gurkenraspeln fest auswringen und vom Saft befreien. Eventuell ein paarmal wiederholen. Den Dill waschen, trocknen und fein hacken.

3. Den Joghurt in eine Schüssel geben, den Knoblauch schälen und direkt hineinpressen. Das Olivenöl, den weißen Balsamicoessig und den Spritzer Zitronensaft dazugeben und alles gut vermengen.

4. Die Gurkenraspeln und den Dill unter die Joghurtmasse rühren und mit Salz und Pfeffer nach Belieben abschmecken. Für mindestens 1 Stunde kühl stellen.

Tipp: Für eine fleischlose Variante den Schinken einfach weglassen.

Zucchini-Quiche mit Schinken

Die Quiche ist mit einem fertigen Teig aus dem Kühlregal einfach und schnell gemacht. Sie schmeckt sowohl warm als auch kalt sehr lecker, nicht nur an einem lauen Sommerabend. Außerdem eignet sie sich auch prima zum Mitnehmen auf ein Gartenfest.

Für 4 Portionen
20 Minuten
35 Minuten backen

1 Tarteform (Ø 26 cm), 1 Reibe, 1 große Pfanne, 1 große Schüssel

Butter für die Form
1 fertiger Quiche- und Tarteteig aus dem Kühlregal (ca. 270 g, rund)
1 mittelgroße Zwiebel
1 Knoblauchzehe
600 g Zucchini
100 g Kochschinken
100 g Emmentaler am Stück
3 EL Olivenöl
1 TL getr. Thymian
Salz, Pfeffer
3 Eier (Größe M)
300 g Schmand
1 TL gekörnte Gemüsebrühe

1. Den Backofen auf 180 °C (Umluft 160 °C) vorheizen. Die Tarteform mit etwas Butter einfetten, den fertigen Quiche- und Tarteteig darin auslegen, mit einer Gabel einige Male einstechen und für 10–15 Minuten im heißen Backofen auf der zweiten Schiene von unten vorbacken.

2. In der Zwischenzeit Zwiebel und Knoblauch schälen und in feine Würfel schneiden. Die Zucchini waschen, trocknen, Stiel- und eventuell Blütenansatz abschneiden und auf einer Reibe oder mit der Küchenmaschine grob raspeln. Den Schinken in kleine Würfel schneiden und den Käse fein reiben.

3. Das Olivenöl in einer großen Pfanne oder einem Topf erhitzen und die Zwiebeln darin glasig dünsten. Den Knoblauch mitdünsten, bis er duftet. Die Zucchini dazugeben, mit Thymian, je einer Prise Salz und Pfeffer vermengen und bei mittlerer bis hoher Hitze 5 Minuten andünsten.

4. In einer großen Schüssel die Eier mit dem Schmand, gekörnter Gemüsebrühe, Schinken und Käse verrühren. Die gedünsteten Zucchini kurz ausdampfen lassen und unterheben. Die Masse gleichmäßig auf dem vorgebackenen Quiche- und Tarteteig verteilen und auf der zweiten Schiene von unten 35 Minuten im heißen Backofen backen.

Zitroneneis

Das erfrischende Eis wird mit nur drei Zutaten ganz ohne Eismaschine zubereitet. Die Masse kannst du in beliebig große, gefriertaugliche (Glas-)Schälchen oder Eisbecher füllen und deine Lieben und dich an einem heißen Sommertag damit verwöhnen.

Für 6 Portionen
20 Minuten
3 Stunden tiefkühlen

1 Zitronenpresse,
1 kleiner Topf,
1 Rührschüssel,
1 Rührbecher,
1 Handrührgerät

2–3 Zitronen
75 g Zucker
200 g Sahne
frische Minze zum Garnieren

1. Aus den Zitronen mit einer Zitronenpresse insgesamt 100 ml Saft auspressen und in einen kleinen Topf geben. Den Zucker hineinrühren, unter Rühren aufkochen lassen und für 5 Minuten auf kleiner Stufe zu einem Sirup köcheln lassen.

2. Den Zitronensirup in einer Rührschüssel vollständig abkühlen lassen. Die Sahne in einem Rührbecher mit den Quirlen des Handrührgerätes steif schlagen und unter den Zitronensirup heben.

3. Die Eismasse in beliebige Gefrierbehälter füllen und darauf achten, dass ein kleiner Rand mit 3–5 mm Platz zum Ausdehnen vorhanden ist. Ins Gefrierfach geben und für mindestens 3 Stunden tiefkühlen. Zum Servieren nach Belieben mit ein paar frischen Blättern Minze garnieren.

Tipp: Wenn du es nicht zitronig genug haben kannst, einfach noch zusätzlich Zitronenabrieb in den Sirup rühren.

Beeren-Schichtdessert

Zeit zum Genießen! Das leichte Sommerdessert mit erntefrischen Beeren ist in nur 15 Minuten zubereitet, bevor es zum Kühlen in den Kühlschrank wandert. Ob in kleinen Gläsern oder in einer Glasschale serviert, das Schichtdessert ist immer ein Hingucker und auch bei Gästen sehr beliebt.

Für 8 Portionen
15 Minuten
3 Stunden kühlen

1 Sieb, 1 Rührbecher, 1 Handrührgerät, 1 große Rührschüssel, 1 große Glasschale, 1 Küchenreibe

- 500 g Beerenmix (z. B. frische Himbeeren, Brombeeren, Heidelbeeren, Johannisbeeren)
- 200 ml Sahne
- 500 g Magerquark
- 300 g Joghurt (3,5 % Fett)
- 250 g Doppelrahmfrischkäse
- 150 g Zucker
- 2 Pck. Bourbon-Vanillezucker
- 1 Spritzer Limettensaft
- 50 g weiße Schokolade
- frische Minze-Blättchen

1. Die Beeren in ein Sieb geben und vorsichtig unter fließendem Wasser abspülen, auf ein Papiertuch zum Trocknen legen. Ein paar Beeren zur Seite legen für die Dekoration. Die Sahne in einem Rührbecher mit den Quirlen des Handrührgeräts steif schlagen und in den Kühlschrank stellen.

2. Magerquark, Joghurt, Doppelrahmfrischkäse, Zucker, Vanillezucker und Limettensaft in eine große Rührschüssel geben und mit dem Schneebesen nur kurz glatt rühren, damit die Masse nicht zu flüssig wird. Die Sahne vorsichtig unterheben.

3. Eine große Glasschale mit hohem Rand bereitstellen und Beeren und Creme abwechselnd hineinschichten, mit Creme abschließen. Im Kühlschrank mindestens 3 Stunden kühlen. Vor dem Servieren etwa 2 EL weiße Schokolade feinreiben und über das Dessert streuen. Mit Beeren und Minze-Blättchen nach Belieben garnieren.

Tipp: Wenn die Beerensaison vorbei ist, kannst du auch tiefgekühlte Beeren verwenden. Du musst sie vorher nicht auftauen. Statt einer großen Schale kannst du auch 8 Dessertgläser befüllen.

Sommerlicher Joghurt-Heidelbeerkuchen

Ein sommerlicher Rührkuchen mit frischen Heidelbeeren, das ist ein Hochgenuss und eine Freude für alle, die an der Kaffeetafel Platz nehmen. Ein saftiger Beerenkuchen, der zudem gut zwei bis drei Tage genau das bleibt: saftig.

Für ca. 8 Stück
10 Minuten
50 Minuten backen

1 große und 1 kleine Rührschüssel, 1 Handrührgerät, 1 Sieb, 1 Springform (Ø 26 cm)

300 g Sahnejoghurt (10 % Fett, z. B. Joghurt griechischer Art)
3 zimmerwarme Eier (Größe M)
250 g Zucker
2 Pck. Bourbon-Vanillezucker
1 TL Zitronenabrieb
150 ml Pflanzenöl
400 g Weizenmehl Type 405 oder Dinkelmehl Type 630
3 TL Backpulver
300 g Heidelbeeren
Butter und Mehl für die Form
Puderzucker zum Bestreuen

1. Den Backofen auf 180 °C (Umluft 160 °C) vorheizen. Joghurt, Eier, Zucker, Bourbon-Vanillezucker, Zitronenabrieb und Pflanzenöl in eine große Rührschüssel geben und mit den Quirlen des Handrührgeräts ca. 1 Minute cremig rühren. In einer kleinen Rührschüssel das Mehl mit dem Backpulver vermengen und nur kurz (max. 30 Sekunden) unter die Joghurtmasse rühren, bis sich das Mehl einigermaßen mit der Masse vermengt hat.

2. Die Heidelbeeren in ein Sieb geben und unter fließendem Wasser vorsichtig abspülen, mit einem Papiertuch trocknen und eine Handvoll für das Topping zur Seite legen. Die Beeren vorsichtig unter den Teig heben. Tiefgekühlte Heidelbeeren unaufgetaut in den Teig rühren.

3. Die Springform einfetten und mit Mehl ausstreuen. Den Rührteig hineinfüllen, glatt streichen, die restlichen Heidelbeeren gleichmäßig auf dem Teig verteilen und leicht eindrücken. Im Backofen auf der zweiten Schiene von unten 50–60 Minuten backen. Stäbchenprobe machen. Wenn der Kuchen zu dunkel wird, abdecken. Nach dem Backen den Kuchen ausdampfen lassen und mit Puderzucker bestreuen.

Tipp: Wer mag, kann die oberen Beeren mit einem feinen Pinsel vom Puderzucker befreien, dann sieht man sie besser.

Tipp: Die Rezepttradition sieht zwar Gelierzucker 1:1 vor, aber die Torte wurde schon oft mit normalem Zucker erfolgreich zubereitet.

Windbeuteltorte mit Himbeeren

Diese Torte gehört in die Kategorie »Wenig Aufwand, aber sehr große Wirkung« und ist ein Traditionsrezept in der Familie einer lieben Freundin. Die Torte kann das ganze Jahr über gezaubert werden. Im Hochsommer mit erntefrischen Beeren, den Rest des Jahres mit tiefgekühlten Beeren oder Beeren aus dem Glas. Sie ist immer ein echter Hingucker und schmeckt unglaublich lecker.

Für ca. 8 Stück
20 Minuten
3–5 Stunden kühlen

1 große Rührschüssel,
1 Rührbecher,
1 Handrührgerät,
1 Tortenring (9 cm Höhe),
1 Sieb

500 g Schmand
2 Pck. Bourbon-Vanillezucker
80 g Gelierzucker 1:1
500 g Sahne
1 fertiger Tortenboden (Ø 25–26 cm)
250–300 g TK-Windbeutel (Fertigprodukt)
500 g frische Himbeeren (ersatzweise tiefgekühlt oder aus dem Glas)
1 Pck. roter Tortenguss

1. In einer großen Rührschüssel Schmand, Vanillezucker und Gelierzucker mit einem Schneebesen nur ganz kurz verrühren, damit die Masse nicht zu flüssig wird. Die Sahne in einem Rührbecher mit den Quirlen des Handrührgeräts steif schlagen und mit einem Kochlöffel unter die Schmandmasse heben.

2. Um den fertigen Tortenboden einen Tortenring legen und mit einer ersten dünnen Schicht Sahne-Schmand-Creme (ca. 3 mm dick) bestreichen. Die gefrorenen Windbeutel darauf verteilen. Die restliche Sahne-Schmand-Creme komplett über den Windbeuteln bis zum Rand des Tortenrings verteilen und die Oberfläche glatt streichen.

3. Die frischen Himbeeren in ein Sieb geben und unter fließendem Wasser abspülen, mit einem Papiertuch trocknen. Die Himbeeren (tiefgekühlte Beeren unaufgetaut, Beeren aus dem Glas sehr gut abgetropft) oben auf der Torte verteilen.

4. Den roten Tortenguss nach Packungsanweisung zubereiten und mit dem noch warmen Guss die Beeren komplett überziehen. Im Anschluss mindestens 3–5 Stunden oder über Nacht im Kühlschrank kalt stellen.

Herbst

Was hält der Herbst für uns bereit?

Wenn sich der Herbst bereits Ende August mit den ersten Frühnebeln bemerkbar macht, beginnt eine neue und ruhige Zeit. Die Natur zeigt sich von ihrer stimmungsvollen, ja, fast schon romantischen Seite. Ich mache mal kurz Pause nach dem ganzen Einkochen und Konservieren im Sommer – und freue mich auf eine neue Erntesaison.

Im September …

… ist es oft noch richtig warm und sonnig. Dennoch gibt es klare Vorboten für die nahende Herbstsaison. Was sich im August schon andeutet, mit reifen Zwetschgen und den ersten Kürbissen frisch vom Acker, bestätigt sich im September: Die Apfel- und Traubenernte läutet den Herbst ein. Mit Sellerie und frischem Feldsalat geht es weiter. Noch besteht kein Grund zur Sorge, denn die Auswahl ist nach wie vor üppig. Und ehrlich: Gibt es etwas Besseres als frischen Zwetschgenkuchen mit Sahne? Eben. Der Tisch lässt sich immer noch reich und saftig decken.

Im Oktober …

… zeigt sich mit ein bisschen Glück der Herbst von seiner schönsten Seite: mit klaren, kühlen Morgen und sonnigen, warmen Mittagsstunden. Süßes Steinobst hängt zwar nicht mehr an den Bäumen und die Beerenernte ist jetzt auch gänzlich vorbei, dennoch bringt die Sonne immer noch klassische Sommergemüsesorten wie Auberginen und Paprikaschoten hervor, und auf die erste Rosenkohlernte bei meinen Bauern am Markt freue ich mich besonders.

Im November …

… daran gibt es nichts zu rütteln, läuft der Herbst zu seiner Hochform auf. Zwar hat sich der Monat die letzten Jahre grundlegend geändert und es gibt viele warme Tage, aber mit Nässe und Kälte ist definitiv zu rechnen. Und dass wir so langsam aufs Jahresende zugehen, wird mir immer dann klar, wenn ich auf dem Markt das deutlich geschrumpfte Angebot sehe. An den Ständen gibt es ja glücklicherweise kaum Gemüse und Obst aus dem Import, sondern frisch Geerntetes von den nahen Feldern oder gelagerte Ware. Habe ich Grund zur Panik? Keineswegs! Ich stelle die Küche auf saftige Ofen- und Schmorgerichte um, die Gerichte werden einfach ein bisschen kräftiger.

Im Dezember ...

... herrscht bei mir klassische Übergangsstimmung. Der kalendarische Herbst neigt sich dem Ende zu und der Winter macht sich, je nach Region, noch nicht ganz bemerkbar. Aber bei sinkenden Temperaturen gilt für mich und die ganze mitteleuropäische Küche: Ab sofort zieren wärmende Gerichte unsere Teller, seien es Suppen, Gratins oder Schmorgerichte. Denn Gemüsesorten wie Lauch, Rosenkohl, Grünkohl und Wirsing kommen immer noch frisch vom Feld und machen gerade Eintöpfe besonders köstlich.

Herbst auf dem Tisch

Ja, ich bin ein Mensch der Rituale. Und den Herbst läute ich genauso ein, wie ich die frische Frühlingsküche mit Spargelrezepten begrüße. Nur einen kleinen Unterschied gibt es: Der Herbst beginnt bei mir mit frisch gebackenen Kuchen. Süß und saftig sowie salzig und kräftig. Streuselbodenkuchen mit Zwetschgen (Seite 160) und mein Einfacher Apfelkuchen (Seite 163) machen den spätsommerlichen Anfang in die dunklere Jahreszeit. Zum neuen Wein gehört dann unbedingt mein Klassischer Zwiebelkuchen vom Blech (Seite 151), der ehrlich gesagt auch ohne Wein eine Wucht ist.

Die letzten Spätsommertage lasse ich gern mit Gefüllten Paprikaschoten mediterrane Art (Seite 132) ausklingen. Auch Kohlrabigemüse mit Möhren und Kartoffeln (Seite 146) steht bei mir ganz hoch im Kurs. Denn das Halbjahreswunder Kohlrabi mit seiner Erntezeit von April bis Oktober kommt nach wie vor frisch vom Feld oder ist nur ganz kurz gelagert. Auf jeden Fall weckt die milde, süßliche Knolle bei mir immer schöne Erinnerungen an Frühling und Sommer.

Wenn es zum ersten Mal richtig kalt wird oder das Tageslicht sich so langsam bei Dauergrau einpendelt, gibt es Gute-Laune-Booster aus der Küche. Der eine heißt Gulaschsuppe (Seite 124), der andere Gnocchi-Auflauf mit Lauch und Hack (Seite 145). Und wenn ich auf Fleisch verzichten möchte, koche ich Gemüselasagne mit Spitzkohl (Seite 136), in der auch Möhren und Kohlrabi für Geschmack und reichlich Vitamine sorgen.

Ist mir nach Herz- und Seelenwärmer zumute? Auch dafür gibt es Rezepte, die in Nullkommanichts die trübe Stimmung aufhellen und schöne Erinnerungen an meine Kindheit wecken. Und, das ist an manch hektischen Tagen auch sehr wichtig, sie sind vielfältig einsetzbar. Denn sie funktionieren als tolle Nachspeise genauso wie zur Aufheiterung am Nachmittag für Schulkinder. Darüber hinaus können sie auch noch ein gängiges Mittagessen ersetzen: Klassischer Milchreis (Seite 157) und Saftiger Quark-Grieß-Auflauf mit Apfel (Seite 153). Beidem kannst du, sofern du die süße Würze magst, ordentliche Prisen von Kardamom und Zimt beigeben. Die dienen nicht nur dem exotischen Geschmackserlebnis, sondern wärmen auch von innen.

Wenn du einen einfachen Kuchen für den spontanen Nachmittagskaffee an einem regnerischen Herbsttag mit Freunden backen möchtest, kann ich dir den Schoko-Nuss-Becherkuchen (Seite 159) empfehlen. Eine Sensation! Das Beste: Er ist im wahrsten Sinne des Wortes kinderleicht gebacken und kann, dank Rührkuchenteig, in beliebige Kuchenformen gefüllt werden. Er kann somit auch prima als Kuchendessert eingesetzt werden. Der Herbst, die dunklere Jahreszeit generell, bietet sich ja geradezu an, Freunde und Familie einzuladen. Und dann will ich nicht stundenlang in der Küche stehen, sondern die Zeit mit ihnen am Tisch verbringen. Also gibt es in der Regel Schmorgerichte aus dem Ofen, zum Beispiel mein Kürbis-Kartoffel-Hähnchen (Seite 135) und Desserts, die nicht zusammenfallen, wenn sie ein bisschen stehen.

Tipp: Du kannst statt Butternut-Kürbis auch Hokkaido-Kürbis nehmen, die Garzeit dafür aber etwas verkürzen.

Feldsalat mit Kürbis und Feta

Feldsalat, einer meiner Lieblingssalate, läutet für mich den Herbst ein und landet in der langen, dunklen Jahreszeit sehr häufig auf unserem Tisch. Diese Zubereitung passt ganz toll als Vorspeisensalat mit frischem Baguette oder als Beilagensalat zu meinen Champignon-Frikadellen (Seite 148).

Für 4 Portionen
15 Minuten
30 Minuten backen

1 ofenfeste Form,
1 große Schüssel,
1 kleine Pfanne (Ø 20 cm)

700 g Butternut-Kürbis
2 EL Olivenöl
1 Prise Meersalz
200 g Feldsalat
100 g Feta
2–3 EL Kürbiskerne

Für das Dressing:
3 EL Olivenöl
2 EL weißer oder dunkler Balsamicoessig
1 TL mittelscharfer Senf
1 TL Honig
2 Prisen Salz
schwarzer Pfeffer aus der Mühle

1. Den Backofen auf 200 °C (180 °C Umluft) vorheizen. Mit einem scharfen Brotmesser vom Butternut-Kürbis die Enden entfernen, den Kürbis in der Mitte teilen und noch mal längs aufschneiden. Mit einem Löffel die Kerne entfernen. Den Kürbis stabil hinstellen und großzügig die Schale abschneiden. In ca. 1 ½ cm große Würfel schneiden. Die Kürbiswürfel in eine ofenfeste Form geben, mit Olivenöl und Salz würzen, vermengen und gleichmäßig in der Form verteilen. 30 Minuten auf der mittleren Schiene im Backofen backen.

2. In der Zwischenzeit den Feldsalat waschen, putzen und trocknen. Den Feta in beliebig große Würfel schneiden. Für das Dressing alle Zutaten in einer großen Schüssel mit einem Schneebesen vermengen und mit schwarzem Pfeffer aus der Mühle nach Geschmack würzen.

3. In einer kleinen Pfanne bei mittlerer Hitze und ohne Zugabe von Fett die Kürbiskerne anrösten, bis sie leicht duften. Vorsicht: Sie verbrennen schnell. Aus der Pfanne nehmen und beiseitestellen.

4. Den Feldsalat mit dem Dressing vermischen und auf vier Tellern anrichten. Die Kürbiswürfel sowie die Fetawürfel darauf verteilen und mit den Kürbiskernen garnieren.

Lauchsalat mit Äpfeln und geräuchertem Forellenfilet

Lauch, auch Porree genannt, verwende ich unglaublich gern in der warmen Küche. Aber: Er eignet sich wunderbar roh in einem herbstlichen Salat, kombiniert mit erntefrischen Äpfeln und Meerrettich sowie einer geräucherten Forelle als i-Tüpfelchen.

Für 4 Portionen
20 Minuten

1 große und 1 kleine Schüssel, 1 Sieb, 1 Zitronenpresse, 1 Küchenreibe

2 Äpfel (z. B. Boskop)
1 Spritzer Zitronensaft
3 Stangen Lauch
250 g geräucherte Forellenfilets
2 EL frisch geriebener Meerrettich

Für das Dressing:
½ Orange
4 EL Pflanzenöl (z. B. Raps- oder Sonnenblumenöl)
3 EL weißer Balsamicoessig (alternativ Weißweinessig)
1 Prise Zucker
Meersalz
schwarzer Pfeffer

1. Die Äpfel waschen, entkernen, in sehr dünne Scheiben schneiden oder hobeln und in einer großen Schüssel mit einem Spritzer Zitronensaft vermengen, damit sie nicht braun werden.

2. Den Lauch am Wurzelansatz abschneiden, die äußeren Blätter von der Stange abtrennen und die Lauchstange samt hellgrünem Bereich (so weit, wie es beliebt) schräg in sehr dünne Scheiben schneiden. In einem Sieb unter fließendem Wasser gründlich waschen, gut abtropfen lassen und in die Schüssel zu den Äpfeln geben.

3. Für das Dressing die Orangenhälfte mit einer Zitronenpresse auspressen und den Saft in einer kleinen Schüssel mit den anderen Zutaten vermengen sowie mit Meersalz und Pfeffer abschmecken.

4. Meerrettich schälen und auf einer Küchenreibe fein reiben, zum Dressing geben. Das Dressing gut mit dem Lauch und den Apfelscheiben vermengen.

5. Die Forellenfilets in mundgerechte Stücke schneiden. Den Lauchsalat auf vier Teller verteilen und mit den Forellenstücken anrichten. Nach Belieben noch etwas Meerrettich darüberreiben und mit Pfeffer und Meersalz servieren.

Tipp: Der Salat kommt sehr gut als Vorspeisensalat bei lieben Gästen an. Für ein Büfett dunkle Brotscheiben mit dem Salat belegen und statt Butter hauchdünn Sahnemeerrettich verwenden.

Champignon-Suppe mit Curry

Champignons sind ganzjährig verfügbar und glücklicherweise muss man deshalb in keiner Erntesaison auf sie verzichten. Aber irgendwie schmecken sie im Herbst doch am besten, bilde ich mir jedenfalls ein.

4 Portionen
25 Minuten

1 großer Topf

300 g braune Champignons
2 mittelgroße Zwiebeln (ca. 130 g)
2 EL frische Petersilie
40 g Butter
1 EL Mehl
1 TL mildes Currypulver
1 l Gemüsebrühe
Salz
Pfeffer
150 g Sahne (ersatzweise Crème fraîche)
1 Spritzer Zitronensaft

1. Die Champignons putzen, die Stielenden etwas kappen und die Champignons in feine Scheiben schneiden. Die Zwiebeln schälen und in sehr feine Würfel schneiden. Die Petersilie waschen, trocknen und samt Stielen fein schneiden und beiseitestellen.

2. Die Butter in einem großen Topf erhitzen und die Champignons kurz allein darin andünsten. Die Zwiebeln dazugeben, Mehl darüberstreuen und bei starker Hitze 5–8 Minuten rösten.

3. Im Anschluss mit dem Currypulver würzen und dieses kurz mitrösten. Mit der Gemüsebrühe ablöschen. Die Suppe aufkochen und ca. 5 Minuten ohne Deckel köcheln lassen. Kräftig mit Salz und Pfeffer abschmecken.

4. Zum Schluss Sahne, Petersilie und Zitronensaft unterrühren und nach Belieben nochmals mit Salz, Pfeffer und Curry abschmecken.

Tipp: Wenn du lieber eine Cremesuppe möchtest, einfach mit dem Pürierstab pürieren.

Gulaschsuppe ungarische Art

Eine Gulaschsuppe passt zu vielen Anlässen. Bis in den Oktober bekommt man dafür heimische, süße Paprikaschoten, danach kann man ohne Weiteres für Geschmortes gefrorene Paprikaschoten verwenden.

Für 4–6 Portionen
1 Stunde 15 Minuten

1 großer Topf mit Deckel, 1 Schüssel

300 g Zwiebeln
1 Knoblauchzehe
2 rote Paprikaschoten
500 g Rindfleisch, von der Wade oder Schulterblatt
Salz
50 g Butterschmalz
1 TL Zucker
3 EL Tomatenmark
2 EL mildes Paprikapulver
3 Gläser Rinderfond à 400 ml
2 Lorbeerblätter
½ TL gem. schwarzer Pfeffer
300 g vorw. festk. Kartoffeln
150 g Möhren
½ TL getr. Majoran
¼ TL ganzer Kümmel
1 Spritzer Zitronensaft
Cayennepfeffer

1. Die Zwiebeln und die Knoblauchzehe schälen und in feine Würfel schneiden. Die Paprikaschoten waschen, entkernen und in beliebig große Stücke schneiden. Das Rindfleisch mit einem Küchentuch abtupfen und in 1 ½ cm große Würfel schneiden, etwas salzen.

2. In einem großen Topf Butterschmalz erhitzen und darin bei hoher Temperatur das Fleisch in zwei Portionen anbraten. In eine Schüssel geben und beiseitestellen.

3. Zwiebeln, Knoblauch, Paprikaschoten, Zucker und Tomatenmark in den Topf geben und 3 Minuten bei mittlerer Temperatur andünsten. Im Anschluss das Paprikapulver kurz unterrühren und mit dem Rinderfond ablöschen. Das angebratene Fleisch mit dem ausgetretenen Fleischsaft, die Lorbeerblätter und den schwarzen Pfeffer hineingeben, verrühren und kurz aufkochen lassen. Bei geringer Hitze mit aufgesetztem Deckel 35 Minuten köcheln lassen.

4. Zwischenzeitlich die Kartoffeln waschen, schälen und in ca. 1 ½ cm große Würfel schneiden. Die Möhren schälen und in feine Scheiben schneiden. Nach Ablauf der 35 Minuten die Kartoffeln, Möhren, Majoran und Kümmel in den Topf geben und weitere 25 Minuten ohne Deckel köcheln. Mit Salz, Zitronensaft und Cayennepfeffer abschmecken und nach Belieben mit Petersilie garnieren.

Tipp: Das Fleisch sollte mindestens 14 Tage gereift sein, damit es die Zartheit und den guten Geschmack mitbringt.

Rote-Linsen-Bratlinge

Die vegetarischen Bratlinge sind sehr zart, unglaublich lecker und zudem gesund. Sie passen im Herbst zu allen Salatsorten, die uns das Beet noch schenkt, und eignen sich prima als Patty auf dem Veggie-Sandwich. Auch kalt schmecken sie noch hervorragend.

Für 4 Portionen
45 Minuten

1 Sieb,
1 großer Topf mit Deckel,
1 große Schüssel,
1 Pürierstab,
1 große Pfanne

- 250 g rote Linsen
- 20 g Butter
- 500 ml Gemüsebrühe
- 1 mittelgroße Zwiebel
- 3 Knoblauchzehen
- 10 g glatte Petersilie oder Koriander
- 1 Ei (Größe M)
- 4 EL Paniermehl
- 1 TL Speisestärke + etwas mehr zum Formen der Bratlinge
- 2 TL mildes Paprikapulver
- 2 TL gem. Kreuzkümmel
- 1 TL Salz
- 1 Prise schwarzer Pfeffer
- 6 EL Pflanzenöl (z. B. Raps- oder Sonnenblumenöl), Menge geteilt

1. Die Linsen in ein Sieb geben, mit kaltem Wasser abspülen und gut abtropfen lassen. In einem großen Topf die Butter erhitzen und die Linsen darin kurz anschwitzen.

2. Mit Gemüsebrühe ablöschen, aufkochen lassen und auf kleiner Stufe mit Deckel 15–20 Minuten köcheln lassen. Dabei gelegentlich umrühren, da die Flüssigkeit während des Kochens vollständig aufgesogen wird.

3. Zwischenzeitlich die Zwiebel und den Knoblauch schälen und in feine Würfel schneiden. Die Petersilie waschen, trocken schütteln und mit Stielen fein schneiden. Die gegarten Linsen in eine große Schüssel geben und eventuell noch mal mit dem Pürierstab fein pürieren. Einen Moment abkühlen lassen.

4. Zu den Linsen die Zwiebel- und Knoblauchwürfel, die Petersilie, das Ei, Paniermehl, Speisestärke, Paprikapulver, Kreuzkümmel, Salz sowie schwarzen Pfeffer geben und alles gut miteinander vermengen. Die Hände mit etwas Speisestärke bemehlen und den Teig zu kleinen Bratlingen formen (Ø 6–7 cm, ca. 1 ½ cm dick).

5. In einer großen Pfanne 3 EL Pflanzenöl erhitzen und die Hälfte der Bratlinge bei mittlerer Hitze pro Seite 2–3 Minuten goldgelb braten, zwischendurch nicht wenden. Mit der anderen Hälfte der Bratlinge genauso verfahren.

Spitzkohl-Hackpfanne mit Schupfnudeln

Herbstzeit ist auch Kohlzeit! Spitzkohl ist für mich eine besondere Sorte aus der Kohlfamilie. Mit seinem feinen Geschmack harmoniert er ganz toll mit Hackfleisch. Dieses Gericht steht deshalb im Herbst ganz oft bei uns auf dem Tisch.

Für 4 Portionen
30 Minuten

1 große Pfanne mit Deckel, 1 Teller

2 EL Pflanzenöl (z. B. Raps- oder Sonnenblumenöl), Menge geteilt
500 g Schupfnudeln (fertig aus dem Kühlregal)
800–1000 g Spitzkohl
1 mittelgroße Zwiebel
400 g Rinderhackfleisch (ersatzweise Sojahack)
Salz
2 EL Tomatenmark
250 ml Gemüsebrühe
2 TL mildes Paprikapulver
½ TL scharfes Paprikapulver
2 EL Schmand
frische Petersilie zum Garnieren
geriebener Käse nach Wahl

1. Den Backofen auf 80 °C (Umluft 60 °C) vorheizen. 1 EL Pflanzenöl in einer großen Pfanne erhitzen und die Schupfnudeln nach Packungsanweisung anbraten. Aus der Pfanne nehmen und z. B. auf einem Teller im Backofen warmhalten.

2. Vom Spitzkohl die äußeren Blätter entfernen, den Kohl halbieren, den Strunk herausschneiden und den Kohl unter fließendem Wasser von allen Seiten abspülen, danach in schmale Streifen schneiden. Die Zwiebel schälen und in feine Würfel schneiden.

3. In der Pfanne wieder 1 EL Pflanzenöl erhitzen und die Zwiebelwürfel ca. 1 Minute glasig dünsten, das Hackfleisch dazugeben, etwas salzen und bei hoher Hitze krümelig anbraten. Das Tomatenmark hineingeben, kurz mitrösten, den Spitzkohl unterheben, mit einer Prise Salz würzen und mit Gemüsebrühe ablöschen. Beide Sorten Paprikapulver und Schmand unterrühren und ca. 10 Minuten mit halb geöffnetem Deckel köcheln lassen.

4. Zum Schluss nach Belieben abschmecken, die Schupfnudeln unterrühren oder separat dazu servieren, mit ein paar Blättchen frischer Petersilie garnieren. Nach Belieben geriebenen Käse dazu reichen.

Tipp: Statt Spitzkohl kannst du Weißkohl verwenden. Wenn du es vegetarisch möchtest, einfach das Hackfleisch gegen Sojahack tauschen.

Enchilada-Lasagne

Zugegebenermaßen braucht man viele Zutaten für die Lasagne nach Tex-Mex-Art, aber es lohnt sich! Keine Sorge, alle Zutaten sind einfach zu bekommen, und bis in den Herbst hinein kann man das Gericht mit frischer heimischer Paprikaschote zubereiten.

Für 4 Portionen
45 Minuten

1 Sieb, 1 große Pfanne, 1 große Auflaufform (ca. 30 × 20 cm), 1 Küchenreibe

1 Dose Mais (Abtropfgw. 285 g)
1 Dose Kidneybohnen (Abtropfgw. 400 g)
1 rote Paprikaschote
1 Peperoni
1 mittelgroße rote Zwiebel
2 Knoblauchzehen
2 EL Olivenöl
400 g gemischtes Hackfleisch (ersatzweise Sojahack)
Salz
1 EL Tomatenmark
2 Dosen stückige Tomaten (à 400 g)
150 g Paprika-Chili-Frischkäse
200 g Schmand
1 TL mildes Paprikapulver
½ TL scharfes Paprikapulver
1 Prise Zucker

1. Den Backofen auf 180 °C (Umluft 160 °C) vorheizen. Den Mais und die Kidneybohnen gemeinsam in einem Sieb gut abtropfen lassen. Paprikaschote und Peperoni waschen, entkernen und klein würfeln. Zwiebel und Knoblauch schälen und fein schneiden. Olivenöl in einer großen Pfanne erhitzen und die Zwiebel, den Knoblauch und die Peperoni darin kurz andünsten.

2. Das Hackfleisch hinzugeben, mit einer Prise Salz würzen, unter Wenden krümelig anbraten. Das Tomatenmark unterrühren, ebenfalls die Paprikaschote, den abgetropften Mais und die Kidneybohnen. Die Dosentomaten, den Frischkäse und den Schmand unterrühren, mit beiden Paprikapulvern, Zucker und Salz würzen und für ca. 10 Minuten ohne Deckel leicht köcheln lassen. Mit Salz, Pfeffer und Cayennepfeffer nach Belieben abschmecken.

3. Die Auflaufform etwas einfetten. Für das Einschichten in der Auflaufform als erste Schicht etwas Hackfleischsoße nehmen, mit 2 Tortillas abdecken und fortfahren, bis es 4 Tortilla-Schichten gibt. Als oberste Schicht Hackfleischsoße verteilen. Den Käse reiben und obendrauf verteilen. Für ca. 20 Minuten auf der mittleren Schiene in den Backofen geben, bis der Käse goldbraun und zerlaufen ist.

schwarzer Pfeffer aus der Mühle
Cayennepfeffer (ersatzweise Kreuzkümmel)
Butter für die Form
8 Tortillas/Weizenfladen à Ø 20 cm
150 g Gouda am Stück

Tipp: Nach der Paprika-Saison einfach eingelegte oder tiefgefrorene Paprikaschoten verwenden. Statt Paprika-Chili-Frischkäse schmeckt auch Tomate-Paprika oder Tomate-Chili.

Gefüllte Paprikaschoten mediterrane Art

Ein echter Klassiker aus meiner Kindheit, den ich mit einer fruchtigen Tomatensoße mediterran abgewandelt habe und bei der auch Gemüseverweigerer auf ihre Kosten kommen, weil sie sich nämlich nur auf die Soße und Hackbällchen stürzen können.

Für 4 Portionen
15 Minuten
45 Minuten schmoren

1 große Schüssel, 1 ofenfeste (Schmor-) Pfanne mit Deckel

Für die Füllung:

- 4 Paprikaschoten (zwei rote und zwei gelbe à ca. 200 g)
- 1 Zwiebel
- 1 Knoblauchzehe
- 1 altbackenes oder frisches Brötchen
- 200 ml Milch
- 600 g gemischtes Hackfleisch (ersatzweise Sojahack)
- 1 Ei (Größe M)
- 1 TL Salz
- 2 TL mildes Paprikapulver
- 1 TL getr. Majoran

1. Den Backofen auf 200 °C (180 °C Umluft) vorheizen. Die Paprikaschoten waschen, den Deckel abschneiden und mit einem kleinen scharfen Messer vorsichtig die Trennwände und Kerne herausschneiden. Vom Deckel den Stiel entfernen. Die Zwiebel und die Knoblauchzehe schälen und in feine Würfel schneiden. Vom Brötchen eventuell vorhandene sehr harte Rinde abschneiden, im Anschluss klein würfeln, in der Milch aufweichen und für die Fleischmasse gut ausdrücken.

2. Das Hackfleisch mit dem Ei, den Zwiebel- und Knoblauchwürfeln, der Brötchenmasse sowie allen Gewürzen in eine große Schüssel geben und gut vermengen. Die Paprikaschoten mit der Hackmasse befüllen. Übrige Hackmasse zu Bällchen formen. Die Paprikadeckel auf die Schoten legen. Gegebenenfalls die Paprikaschoten unten etwas begradigen, damit sie einen besseren Stand haben, beiseitestellen.

3. Für die Soße die Zwiebel- und Knoblauchzehe schälen und fein würfeln. Das Olivenöl in einer ofenfesten Pfanne erhitzen und die Zwiebeln darin glasig dünsten. Den Knoblauch, das Tomatenmark und Paprika-Tomatenmark unterrühren und kurz rösten lassen.

Für die Soße:

1 Zwiebel
1 Knoblauchzehe
2 EL Olivenöl
2 EL Tomatenmark
1 EL Paprika-Tomatenmark
2 Dosen ganze geschälte Tomaten (à 400 g)
1 Prise Zucker
1 Prise Salz
1 EL Ajvar (Paprikamus)
1 TL italienische Kräuter (Gewürzmischung)
1 Msp. Cayennepfeffer

4. Die Dosentomaten hineinrühren, mit Zucker, Salz, Ajvar und italienischen Kräutern sowie Cayennepfeffer würzen. Kurz aufkochen lassen und noch mal abschmecken.

5. Die gefüllten Paprikaschoten in die Soße hineinstellen, die Hackbällchen drumherum verteilen und mit Deckel auf der zweiten Schiene von unten für 30 Minuten in den heißen Backofen geben und schmoren lassen. Im Anschluss ohne Abdeckung 15 Minuten weiter schmoren.

Kürbis-Kartoffel-Hähnchen aus dem Ofen

Ein unkompliziertes Herbstessen, wenn du ein großer Geflügel- und Kürbisfan bist. Es ist alltagstauglich und auch sehr gut für Gäste geeignet, wenn es etwas rustikaler sein darf. Der Backofen erledigt seinen Job und du hast in der Backzeit die Küche wieder klar Schiff gemacht.

Für 4 Portionen
15 Minuten
60 Minuten schmoren

1 große Auflaufform (ca. 30 × 20 cm) oder 1 Backblech

- 500 g Hokkaido-Kürbis
- 500 g vorwiegend festkochende Kartoffeln
- 4 Knoblauchzehen
- 2 EL Olivenöl
- 1 TL Salz
- 1 Prise Pfeffer
- 4 Rosmarinzweige
- 4 Thymianzweige
- 4 Hähnchenschlegel

Für die Marinade:

- 3 EL Olivenöl
- 1 TL mildes Paprikapulver
- 1/4 TL scharfes Paprikapulver
- 1 Spritzer Zitronensaft

1. Den Backofen auf 180 °C (Umluft 200 °C) vorheizen. Umluft ist empfehlenswert. Den Hokkaido-Kürbis sehr gut abwaschen (muss nicht geschält werden), mit einem Brotmesser halbieren und mit einem Löffel entkernen, anschließend in ca. 1 ½ cm große Würfel schneiden. Die Kartoffeln waschen, schälen und ebenfalls in ca. 1 ½ cm große Würfel schneiden. Die Knoblauchzehen schälen und halbieren. Das gesamte Gemüse mit Olivenöl in der Auflaufform vermengen und dabei mit Salz und Pfeffer würzen. Die Rosmarin- und Thymianzweige waschen, trocken schütteln und ebenfalls in die Auflaufform legen.

2. Die Hähnchenschlegel abtupfen und mit Salz auf beiden Seiten würzen. Für die Marinade alle Zutaten miteinander verrühren und die Schlegel damit von allen Seiten bepinseln. Mit der Unterseite nach oben auf das Gemüse legen und für 25 Minuten in den heißen Backofen auf die mittlere Schiene geben. Nach Ablauf der 25 Minuten die Hähnchenschenkel wenden und für weitere 35 Minuten zu Ende backen.

Tipp: Wenn dir die Oberseite noch nicht knusprig genug ist, stelle einfach kurz die Grillfunktion im Backofen an (250 °C).

Gemüselasagne mit Spitzkohl und Möhren

Da ist er wieder, mein geliebter Spitzkohl. Bei diesem leckeren Rezept habe ich ihn mit Möhren und Kohlrabi kombiniert und zu einer gesunden Veggie-Lasagne für viele Anlässe verarbeitet.

Für 4 Portionen
30 Minuten
30 Minuten backen

1 Küchenreibe,
1 großer Topf mit Deckel,
1 kleiner Topf,
1 große Auflaufform
(ca. 30 × 20 cm)

1 Spitzkohl (500–700 g ungeputzt)
500 g Möhren
150 g Kohlrabi
2 Knoblauchzehen
4 Thymianzweige
50 g Butter
1 TL Salz
1 Msp. Pfeffer
1 Msp. frisch geriebene Muskatnuss
Butter für die Form
250 g Lasagneplatten (ohne Vorkochen)
150 g Emmentaler am Stück

1. Den Backofen auf 200 °C (Umluft 180 °C) vorheizen. Vom Spitzkohl die äußeren Blätter entfernen, den Kohl vierteln, den Strunk herausschneiden, den Kohl von allen Seiten waschen und in feine Streifen schneiden. Die Möhren und den Kohlrabi schälen und beides auf einer Küchenreibe grob reiben. Die Knoblauchzehen schälen und fein würfeln, die Thymianzweige waschen und die Blättchen abzupfen.

2. Die Butter in einem großen Topf erhitzen und Spitzkohl, Möhren, Kohlrabi, Knoblauch und Thymian hineingeben. Mit Salz sowie je einer Messerspitze Pfeffer und Muskatnuss würzen. Für ca. 5 Minuten mit Deckel bei mittlerer Hitze dünsten und ab und zu umrühren.

3. Für die Béchamelsoße zwischenzeitlich die Butter in einem kleinen Topf sanft erhitzen, das Mehl mit einem Schneebesen hineinrühren und goldbraun anschwitzen. Die Milch (kalt oder warm) hinzugeben, unter ständigem Rühren kurz aufkochen lassen, weiter köcheln, bis die Soße eindickt. Den Kräuterfrischkäse unterrühren und nach Belieben mit Salz, Pfeffer und frisch geriebener Muskatnuss abschmecken.

Tipp: Statt Spitzkohl kannst du auch Weißkohl verwenden.

Für die Béchamelsoße:

25 g Butter
25 g Mehl
500 ml Milch
100 g französischer Kräuterfrischkäse
Salz
Pfeffer
etwas frisch geriebene Muskatnuss

4. Die Auflaufform etwas einfetten, dann die Zutaten einschichten: zuerst etwas Gemüsemischung verteilen, darauf gleichmäßig etwas Soße geben und mit rohen Lasagneplatten bedecken. Weiter in der Reihenfolge einschichten, mit viel Soße und noch etwas Gemüse abschließen. Den Käse fein reiben, obendrauf verteilen und die Lasagne im heißen Backofen auf der zweiten Schiene von unten für ca. 30 Minuten backen. Nach dem Backen noch ca. 5 Minuten ruhen lassen.

Pasta mit Blumenkohl in pikanter Erdnussbuttersoße

Pasta einmal anders, nämlich mit Blumenkohl kombiniert mit pikanter Erdnussbuttersoße. Ein kulinarisches Mitbringsel einer Freundin von einer Kanadareise und eine geschmackliche Bereicherung, die Abwechslung in die schnelle Pastaküche bringt und die du unbedingt einmal probieren solltest.

Für 4 Portionen
30 Minuten

1 Sieb,
1 großer Topf,
1 Zesterreibe,
1 große Pfanne

800 g Blumenkohl (ca. ½ Kopf, ungeputzt)
300 g Nudeln (z. B. Fusilli)
100 g junger Spinat
4 Frühlingszwiebeln
2 TL Bio-Ingwer
3 Knoblauchzehen

1. Den Blumenkohl putzen, in Röschen teilen und die Röschen in einem Sieb gründlich abwaschen und abtropfen lassen. Die Nudeln in einem großen Topf mit reichlich kochendem Salzwasser nach Packungsanweisung bissfest garen und die letzten 5 Minuten der Kochzeit die Blumenkohlröschen mitkochen lassen. Nach der Kochzeit stehen lassen, das Wasser nicht abgießen!

2. Zwischenzeitlich den Babyspinat waschen und trocknen. Die Frühlingszwiebeln putzen, waschen, trocknen, die Enden abschneiden und im Gesamten in feine Ringe schneiden. Den Ingwer heiß abwaschen, abtrocknen und mit Schale fein reiben oder schneiden. Knoblauchzehen schälen und ebenfalls fein schneiden.

2 EL Olivenöl
400 ml Kokosmilch
80 g Erdnussbutter, cremig
3 EL Limettensaft
2 EL Sojasoße
2 TL Sambal Oelek (pikante Chili-Paste, gibt es im Supermarkt im Asiaregal)
2 TL brauner Zucker
Salz
Chiliflocken
salzige Erdnüsse zum Servieren

3. Für die Soße Olivenöl in einer großen Pfanne erhitzen und die Frühlingszwiebeln, den Ingwer und den Knoblauch kurz andünsten. Mit Kokosmilch ablöschen und Erdnussbutter, Limettensaft, Sojasoße, Sambal Oelek sowie braunen Zucker unterrühren. Aufkochen und kurz köcheln lassen, bis die Soße eine sämige Konsistenz hat. Mit Salz, Chiliflocken und nach Belieben Sambal Oelek, Limettensaft und Erdnussbutter abschmecken.

4. Den Babyspinat unterrühren, bis er zerfallen ist. Wenn die Soße zu dick ist, einfach etwas heißes Nudelwasser unterrühren.

5. Zum Schluss die gekochten Nudeln und den Blumenkohl mit einer Schaumkelle tropfnass aus dem Topf nehmen, zur Soße geben und gut vermengen. Mit gehackten, salzigen Erdnüssen servieren.

Pasta mit Kürbis und getrockneten Tomaten

Ein Rezept, das schon viele Jahre auf meinem Blog ist und viele Fans hat. Die Kombination von Nudeln mit Hokkaido-Kürbis liegt nicht nahe, ist aber unschlagbar lecker. Eine herbstliche Pasta, die einen über das schmuddeligste Schmuddelwetter hinwegtröstet.

Für 4 Portionen
35 Minuten

1 Backblech, 1 Schüssel, 2 große Töpfe, 1 Reibe

- 1 Hokkaido-Kürbis (ca. 1 kg ungeputzt)
- 2 EL Olivenöl
- 1 Prise Meersalz
- schwarzer Pfeffer aus der Mühle
- 400 g Spaghetti (z. B. 8–10 Minuten Kochzeit)
- 1 Peperoni
- 2 Knoblauchzehen
- 15 getr., in Öl eingelegte Tomaten
- 80 g Parmesan
- 80 g Walnüsse
- 25 g Petersilie
- 3 EL Olivenöl
- 2 EL Tomatenmark

1. Den Backofen auf 180 °C (Umluft 160 °C) vorheizen. Ein Backblech mit Backpapier auslegen. Den Hokkaido-Kürbis sehr gut abwaschen (muss nicht geschält werden!), mit einem Brotmesser halbieren, mit einem Esslöffel die Kerne entfernen, dann in mundgerechte Würfel schneiden. In einer Schüssel mit Olivenöl vermengen sowie mit Meersalz und schwarzem Pfeffer würzen.

2. Die Hokkaido-Stückchen auf dem Backblech 15–20 Minuten im heißen Ofen auf der mittleren Schiene backen. In der Zeit die Spaghetti in einem Topf mit reichlich kochendem Salzwasser nach Packungsanweisung bissfest garen. Nach der Kochzeit einfach stehen lassen, das Wasser nicht abgießen!

3. Die Peperoni waschen, entkernen, fein schneiden. Die Knoblauchzehen schälen und fein schneiden. Die getrockneten, eingelegten Tomaten direkt aus dem Glas nehmen, leicht abtropfen lassen und fein würfeln. Außerdem den Parmesan fein reiben, die Walnüsse grob hacken sowie die Petersilie waschen, trocknen und samt Stiel fein schneiden.

4. In einem großen Topf das Olivenöl erhitzen und die Peperoni, den Knoblauch und die getrockneten Tomaten darin 2–3 Minuten andünsten. Das Tomatenmark hinzufügen und kurz mitdünsten. Die Spaghetti mit einer Zange oder Gabel direkt und tropfnass aus dem Kochwasser nehmen und zur Olivenöl-Mischung geben.

5. Ebenfalls die Kürbiswürfel, die Walnüsse, den Parmesan und die Petersilie hineingeben und alles gut vermengen. Mit Meersalz und schwarzem Pfeffer aus der Mühle nach Belieben abschmecken.

Tipp: Statt Hokkaido kannst du auch Butternut-Kürbis verwenden.

Tipp: Wenn du es sämiger magst, kannst du einfach 3–4 EL Sahne unter die Hackmasse rühren.

Gnocchi-Auflauf mit Lauch und Hackfleisch

Fertige Gnocchi aus dem Kühlregal sind immer praktisch, wenn man keine Zeit hat, sie selbst zu machen und eine hungrige Meute vor einem steht. Erntefrischer Lauch und Hackfleisch sind zudem eine weitere leckere Komponente. Ein echtes Ofen-Soulfood, das sich auch prima aufwärmen lässt.

Für 4 Portionen
25 Minuten
20 Minuten backen

1 große Pfanne, Auflaufform (Ø ca. 24 cm), 1 Reibe

- 400 g Lauch
- 2 Knoblauchzehen
- Pflanzenöl (z. B. Raps- oder Sonnenblumenöl)
- 1 EL Butter
- 500 g Gnocchi (Kühlregal)
- Salz
- 500 g gemischtes Hackfleisch (ersatzweise Sojahack)
- 1 TL getr. Thymian
- ¼ TL Chilipulver
- 250 ml Gemüsebrühe
- 100 g Kräuterfrischkäse
- schwarzer Pfeffer
- 100 g Emmentaler am Stück

1. Den Backofen auf 200 °C (Umluft 180 °C) vorheizen. Den Lauch am Wurzelansatz abschneiden, die äußeren Blätter von der Stange abtrennen, waschen und samt hellgrünem Bereich in ca. ½ cm feine Ringe schneiden. Die Knoblauchzehen schälen und fein würfeln.

2. In einer großen Pfanne 1 EL Öl gemeinsam mit der Butter erhitzen und darin die Gnocchi (ungekocht, direkt aus der Packung) für ca. 5 Minuten von beiden Seiten goldbraun anbraten, dabei etwas salzen. Im Anschluss die Gnocchi aus der Pfanne direkt in die Auflaufform geben, diese muss nicht eingefettet werden.

3. Nun 2 EL Öl in der Pfanne erhitzen und das Hackfleisch darin 5 Minuten auf hoher Stufe krümelig anbraten, dabei etwas salzen. Lauch, Knoblauch, Thymian und Chilipulver unter das Hackfleisch rühren und für weitere 5 Minuten mitdünsten. Mit Gemüsebrühe ablöschen, Kräuterfrischkäse unterrühren und für 1–2 Minuten einköcheln lassen. Nochmals mit Salz, Pfeffer und Chilipulver abschmecken.

4. Die Lauch-Hackmasse in die Auflaufform zu den Gnocchi geben und miteinander vermengen. Den Emmentaler frisch reiben, darüberstreuen und den Auflauf im heißen Ofen auf der mittleren Schiene für ca. 20 Minuten backen.

Kohlrabigemüse mit Möhren und Kartoffeln

Kohlrabi mit seiner Erntezeit von April bis Oktober kommt sehr, sehr lange frisch vom Feld. Deshalb weckt auch an den trüben Herbsttagen die milde, süßliche Knolle schöne Erinnerungen an den Frühling und den Sommer. Mit ein Grund, warum Kohlrabi die Hauptrolle in diesem cremigen Eintopf spielt, der sich übrigens auch prima als Beilage eignet.

Für 4 Portionen
35 Minuten

1 großer Topf mit Deckel

1 kg Kohlrabi (ungeputzt)
500 g festkochende Kartoffeln
300 g mittelgroße Möhren
500 ml Gemüsebrühe
1 Prise Salz
2 EL Speisestärke
175–200 g Kräuterfrischkäse
Salz
Pfeffer
etwas frisch geriebene Muskatnuss
1–2 Spritzer Zitronensaft

1. Von den Kohlrabiknollen das Grün entfernen, die Knollen halbieren, großzügig samt Wurzel schälen und in kleine Stifte schneiden. Die Kartoffeln waschen, schälen und in 1 ½ cm kleine Würfel schneiden. Die Möhren schälen und in ½ cm dicke Scheiben schneiden.

2. Die Gemüsebrühe in einem großen Topf zum Kochen bringen, das komplette Gemüse hineingeben und mit einer guten Prise Salz würzen. Mit Deckel für 20 Minuten bei kleiner Hitze köcheln lassen, dabei gibt das Gemüse noch viel Flüssigkeit ab. Am Ende der Garzeit die Flüssigkeit eindicken, dafür die Speisestärke in 2 EL Wasser glatt rühren, hinzufügen und für 1–2 Minuten einköcheln, dabei ab und zu umrühren.

3. Zum Schluss den Kräuterfrischkäse unterrühren, mit Salz, Pfeffer, frisch geriebener Muskatnuss sowie Zitronensaft nach Belieben abschmecken.

Tipp: Schmeckt auch großartig zu Frikadellen oder Wiener Würstchen.

STAUB
STAUB
COCOTTE
STAUB

Champignon-Frikadellen

Herbstzeit ist Pilzzeit, auch wenn Champignons natürlich ganzjährig verfügbar sind. Meine Champignon-Frikadellen kannst du vielseitig einsetzen, zum Beispiel anstelle von Fleischfrikadellen zu Kartoffelpüree, als Beilage zu einem knackigen Salat oder auf dem Veggie-Burger. Ach, und kalt schmecken sie auch sehr lecker.

Für 4 Portionen
45 Minuten

1 große Pfanne mit Deckel, 1 große und 1 kleine Schüssel

750 g braune Champignons
1 große Zwiebel
2 Knoblauchzehen
30 g Butter
Pflanzenöl (z. B. Raps- oder Sonnenblumenöl) + etwas mehr zum Ausbacken
Salz
Pfeffer
2 Brötchen (frisch oder altbacken)
200 ml Milch
10 g krause Petersilie
2 Eier (Größe M)
3 EL Speisestärke
½ TL mittelscharfer Senf
½ TL getr. Majoran
1 Prise frisch geriebene Muskatnuss

1. Die Champignons mit einem feuchten Küchenpapier putzen, die Stielenden abschneiden und die Champignons in dünne Scheiben schneiden. Die Zwiebel und die Knoblauchzehen schälen und in feine Würfel schneiden.

2. Die Butter und 3 EL Pflanzenöl in einer großen Pfanne erhitzen und die Zwiebeln darin glasig dünsten. Die Pilze und den Knoblauch dazugeben und ca. 10 Minuten bei mittlerer Hitze dünsten, die ersten 5 Minuten mit Deckel. Die Pilz-Zwiebel-Mischung in eine große Schüssel geben, etwas salzen und pfeffern und kurz beiseitestellen.

3. Zwischenzeitlich die Brötchen in Würfel schneiden, in eine kleine Schüssel geben und mit Milch übergießen, ein paar Minuten einweichen lassen. Die Brötchenmasse ausdrücken und zu den Pilzen geben. Die Petersilie waschen, trocknen, ohne Stiel fein hacken und zur Masse geben, genauso die Eier, die Speisestärke, Senf, Majoran, 1 Prise Salz, 1 Prise Pfeffer und frisch geriebene Muskatnuss. Alles gut mit dem Kochlöffel oder den Händen vermengen.

4. Die Pfanne mit einem Küchentuch reinigen, 3–5 EL Öl darin erhitzen, sodass der Pfannenboden ca. 2 mm bedeckt ist. Mit Esslöffeln die Champignon-Masse in das heiße Fett portionieren, etwas plattdrücken und beidseitig goldbraun braten. Auf Küchenpapier abtropfen lassen.

Klassischer Zwiebelkuchen vom Blech

Im Herbst darf für mich ein herzhafter Zwiebelkuchen nicht fehlen, am liebsten noch mit einem Glas Federweißer und um den Tisch viele Freunde. Ich bereite ihn mit einem Quark-Öl-Teig statt Hefeteig zu, weil dieser so unkompliziert in der Zubereitung ist und für meinen Geschmack dem Hefeteig in nichts nachsteht.

Für 4 Portionen
40 Minuten
35 Minuten backen

1 Handrührgerät,
1 Nudelholz,
1 tiefes Backblech,
1 große Pfanne,
2 große Schüsseln

Für den Boden:
150 g Magerquark
6 EL Milch
6 EL Pflanzenöl (z. B. Raps- oder Sonnenblumenöl)
300 g Mehl (Weizenmehl Type 405 oder 550)
1 Prise Salz
1 Pck. Backpulver (16 g)
Öl für das Backblech

1. Den Backofen auf 180 °C (160 °C Umluft) vorheizen. Ober-/Unterhitze empfehlenswert. Für den Boden in einer großen Schüssel den Quark, die Milch und das Öl mit den Quirlen des Handrührgeräts verrühren. Mehl, Salz und Backpulver hinzugeben und mit den Knethaken oder Händen so lange kneten, bis ein homogener, glatter Teig entstanden ist.

2. Den Teig mit den Händen zu einer Kugel formen und mit dem Nudelholz auf einer bemehlten Arbeitsfläche dünn ausrollen. Das Backblech leicht mit Öl einfetten, den ausgerollten Teig darauflegen und einen Rand mit ca. 1 ½ cm Höhe formen. Beiseitestellen.

Für den Belag:

- 2 kg Speisezwiebeln oder Gemüsezwiebeln
- 300 g geräucherter, durchwachsener Speck
- 50 g Butter
- 3 EL Pflanzenöl (z. B. Raps- oder Sonnenblumenöl)
- Salz
- schwarzer Pfeffer aus der Mühle
- 1 EL ganzer Kümmel (wahlweise)
- 5 Eier (Größe M)
- 400 g Crème fraîche (ersatzweise Schmand)
- 2 Prisen frisch geriebene Muskatnuss
- 1 EL mildes Paprikapulver
- Schnittlauch zum Garnieren

3. Für den Belag die Zwiebeln schälen und in feine Würfel schneiden. Den Speck ebenfalls in kleine Würfel schneiden. In einer großen Pfanne die Butter und das Öl erhitzen und den Speck darin etwas auslassen. Die Zwiebelwürfel hinzufügen, mit 1 Prise Salz, 1 Prise Pfeffer und wahlweise mit Kümmel würzen. Die Zwiebel-Speck-Mischung ohne Deckel ca. 10 Minuten glasig dünsten und dabei mehrmals wenden.

4. Zwischenzeitlich in einer großen Schüssel mit dem Schneebesen die Eier, Crème fraîche, 1 Prise Salz, Pfeffer, geriebene Muskatnuss und Paprikapulver gut verrühren. Die Zwiebel-Speck-Mischung etwas ausdampfen lassen und zur Eier-Crème-fraîche-Masse hinzufügen. Alles gut miteinander vermengen. Im Anschluss auf dem Teigboden verteilen und im heißen Backofen auf der mittleren Schiene für ca. 35 Minuten backen, bis der Zwiebelkuchen goldgelb ist.

Tipp: Die Zwiebeln statt in Würfel in Halbringe schneiden, das spart Zeit, ist aber ein anderes Mundgefühl und daher Geschmackssache.

Saftiger Quark-Grieß-Auflauf mit Apfel

In der Apfelsaison empfehle ich dir, auf jeden Fall einige Äpfel in dieser köstlichen Süßspeise zu verarbeiten. Frisch aus dem Ofen ist die Konsistenz fast so cremig wie Grießbrei, nicht durchgebacken wie ein Rührkuchen. Je länger der Auflauf ruht, umso fester wird er. Auch kalt ist er noch ein Genuss in der herrlichen Apfelzeit.

Für 4 Portionen
20 Minuten
35 Minuten backen

1 Rührbecher, 1 große und 1 kleine Rührschüssel, 1 Handrührgerät, 1 Küchenreibe, 1 rechteckige oder runde Auflaufform (ca. 26 × 20 cm oder Ø 26 cm)

3 Eier (Größe L)
1 Prise Salz
250 g Quark (20 % Fett)
100 ml Sahne
100 g Zucker
1 Pck. Bourbon-Vanillezucker
½ Zitrone
80 g Weichweizengrieß

1. Den Backofen auf 180 °C (Umluft 160 °C) vorheizen. Die Eier trennen, dabei das Eiweiß in einen Rührbecher und das Eigelb in eine große Rührschüssel geben. Eiweiß und Salz mit den Quirlen des Handrührgeräts steif schlagen und kühl stellen.

2. Zum Eigelb den Quark, die Sahne, den Zucker und Vanillezucker geben und mit den gesäuberten Quirlen des Handrührgeräts glatt rühren. Die Zitrone heiß abwaschen, trocknen und die Schale abreiben, den Zitronenabrieb sowie den Weichweizengrieß mit in die Schüssel geben und mit der Quarkmasse verrühren. Die Masse für 5–10 Minuten im Kühlschrank quellen lassen.

500 g Backäpfel (z. B. Boskop, Braeburn, Elstar)
1 TL Zimtpulver
Butter zum Fetten der Form
50 g Rosinen
3 EL Mandelblättchen
Puderzucker zum Bestäuben

3. Zwischenzeitlich die Äpfel waschen (nach Belieben schälen), vierteln, entkernen und auf einer Küchenreibe grob raspeln. Die Zitrone auspressen, den Saft über die Äpfel gießen, den Zimt darüberstreuen und gemeinsam vermengen. Die geraspelten Äpfel unter die Quarkmasse heben und zuletzt den Eischnee unterheben.

4. Die Auflaufform leicht mit Butter einfetten. Rosinen nach Belieben auf den Auflaufformboden geben und die Quarkmasse gleichmäßig darauf verteilen, etwas glattstreichen und die Mandelblättchen darüberstreuen. Für 35 Minuten auf der zweiten Schiene von unten im heißen Backofen backen. Vor dem Servieren 5 Minuten ruhen und abkühlen lassen und nach Belieben mit Puderzucker bestäuben.

Tipp: Statt Äpfeln kannst du anderes Obst nach Belieben und Saison wählen.

STAUB

Klassischer Milchreis

Der cremige Klassiker aus meiner Kindheit ist eines meiner liebsten Wohlfühlessen. Er ist unglaublich einfach zuzubereiten und mit meinem Rezept gelingt er dir ganz bestimmt ohne Anbrennen. Er passt eigentlich immer, ob als süße Hauptmahlzeit, als Snack oder als Dessert oder wenn draußen das Schmuddelwetter tobt.

Für 4 Portionen
40 Minuten

1 Topf mit Deckel

15 g Butter
250 g Milchreis
(Sorte Rundkornreis)
1 l Milch (3,5 %, 1,5 %, Kokosmilch oder Hafermilch)
40 g Zucker
2 Pck. Bourbon-Vanillezucker
(ersatzweise Mark
einer Vanilleschote)
1 Prise Salz

Topping nach Belieben:
Zimt-Zucker
Kirschen oder Kirschgrütze

1. Die Butter in einem Topf erhitzen, den rohen Milchreis hineingeben und für ca. 2 Minuten auf kleiner Stufe andünsten.

2. Mit Milch ablöschen und Zucker, Bourbon-Vanillezucker und Salz unterrühren. Auf mittlerer Stufe unter ständigem Rühren aufkochen, damit nichts am Topfboden ansetzt.

3. Die Hitze auf kleine Stufe reduzieren und den Milchreis mit geschlossenem Deckel 15 Minuten sehr leicht köcheln oder garziehen lassen. Nach Ablauf der 15 Minuten kräftig durchrühren und mit Deckel weitere 15 Minuten leicht köcheln oder garziehen lassen.

4. Zum Schluss den Milchreis noch einmal kräftig umrühren und nach Belieben mit Zucker abschmecken. Dazu Zimt-Zucker, heiße Kirschen oder Kirschgrütze servieren.

Tipp: Der Milchreis wird besonders cremig, wenn man ihn noch mit 1–2 EL Sahne abschmeckt.

Schoko-Nuss-Becherkuchen

Ein Becherkuchen ist die perfekte Art, um mit kleinen Kindern Kuchen zu backen, denn im Herbst kann man ja nicht genug Drinnen-Beschäftigungen haben. Du benötigst nur einen Becher für das Abmessen der Zutaten. Es ist kinderleicht und bringt eine Menge Spaß.

Für ca. 15 Scheiben
15 Minuten
45 Minuten backen

1 Becher/Glas mit 180–200 ml Volumen, 1 große und 1 kleine Rührschüssel, 1 Handrührgerät, 1 Kastenform (29 cm Länge)

1 Becher Zucker
1 Becher Pflanzenöl (z. B. Raps- oder Sonnenblumenöl)
1 Pck. Bourbon-Vanillezucker
5 Eier (Größe M)
2 Becher Mehl (Weizenmehl Type 405)
1 Becher lösliches Kakaopulver (ersatzweise ½ Becher Backkakao)
1 Pck. Backpulver
1 Becher Milch (3,5 % Fett)
3 Becher gem. Nüsse nach Wahl
Butter und Mehl für die Form
Schokoladenglasur nach Belieben

1. Zuerst den Backofen auf 180 °C (Umluft 160 °C) vorheizen. Ober-/Unterhitze ist empfehlenswert. Einen Becher oder ein Glas mit 180–200 ml Volumen bereitstellen. Dieses wird zum Messbecher. In einer großen Rührschüssel Zucker, Pflanzenöl sowie Vanillezucker mit den Quirlen des Handrührgeräts schaumig rühren. Die Eier einzeln nacheinander jeweils 30 Sekunden einrühren.

2. In einer kleinen Schüssel Mehl, Kakaopulver und Backpulver mischen, mit der Milch zur Ei-Zucker-Öl-Masse geben und nur kurz verrühren (max. 30 Sekunden). Zum Schluss noch die gemahlenen Nüsse unterheben.

3. Die Kastenform einfetten und mit Mehl ausstreuen. Den Rührteig in die Form geben und glattstreichen. Den Kuchen im heißen Backofen auf der zweiten Schiene von unten für ca. 45–55 Minuten backen. Abkühlen lassen und nach Wunsch mit Schokoladenglasur verfeinern.

Tipp: Es spielt keine große Rolle, ob der Becher 180 ml oder 200 ml Volumen hat, weil die Zutatenmenge sich im passenden Verhältnis verändert.

Streuselbodenkuchen mit Zwetschgen

Was gibt es Schöneres im frühen Herbst als ein Stück Zwetschgenkuchen mit Streuseln und etwas Sahne obendrauf? Am besten an einem windgeschützten Plätzchen in der Sonne mit einer Tasse Kaffee oder Tee. Herrlich. Übrigens, einfacher geht Zwetschgenkuchen backen nicht, denn der Boden und die Streusel bestehen aus ein und derselben Masse.

Für 8 Stück
20 Minuten
45 Minuten backen

1 Rührschüssel,
1 Handrührgerät,
1 große Pfanne,
1 Springform (Ø 24 cm)

Für den Teig:
300 g Mehl (Weizenmehl Type 405 oder Dinkelmehl Type 630)
150 g Butter (nicht streichzart)
150 g Zucker

Für den Belag:
800 g Zwetschgen
1 TL Butter
6 EL Zucker
2 EL Speisestärke
1 Pck. Bourbon-Vanillezucker
Butter für die Form

1. Den Backofen auf 180 °C (Umluft 160 °C) vorheizen. Ober-/Unterhitze ist empfehlenswert. Für den Teig Mehl, Butter und Zucker in eine Rührschüssel geben und mit den Knethaken des Handrührgeräts oder mit den Händen vermengen, der Streuselteig ist krümelig, je nach Butterqualität sandartig. In den Kühlschrank stellen.

2. Für den Belag die Zwetschgen waschen, trocknen, entkernen und halbieren oder je nach Größe auch vierteln. Butter in einer großen Pfanne bei mittlerer Hitze schmelzen lassen und die Zwetschgen hineingeben. Mit Zucker bestreuen und diesen kurz schmelzen lassen. Die Speisestärke unterrühren und bei kleiner Hitze 2 Minuten dünsten.

3. Den Boden der Springform mit Backpapier auslegen, den Rand ganz leicht fetten. Zwei Drittel der Streuselteigmenge mit einem Esslöffel auf dem Boden der Springform verteilen und zu einer kompakten, dichten Fläche festdrücken. Alternativ einen kleinen Teigroller dafür verwenden. Die Zwetschgenmasse darauf verteilen und mit Vanillezucker bestreuen. Die restliche Teigmenge zu Streuseln kneten und als Topping darübergeben. Den Kuchen im heißen Backofen auf der mittleren Schiene 45 Minuten backen.

Tipp: Zum Backen empfehle ich wegen des Geschmacks und der Konsistenz Deutsche Markenbutter, gern in der Süßrahm-Variante.

Tipp: Bei Rührkuchen sollten unbedingt die Eier zimmerwarm und die Butter wachsweich sein, damit sich die Zutaten optimal verbinden und der Kuchen fluffig wird.

Einfacher Apfelkuchen

Dieser herbstliche Rührkuchen mit Äpfeln ist in der Apfelzeit ein unkomplizierter Kuchengenuss für die Kaffeetafel. Einmal gebacken, wollen ihn alle immer wieder haben.

Für 12 Stück
20 Minuten
35 Minuten backen

1 große und 2 kleine Rührschüsseln, 1 Handrührgerät, 1 Springform (Ø 26 cm)

500 g Backäpfel (z. B. Boskop, Braeburn, Elstar)
2 EL Zitronensaft
150 g zimmerwarme Butter
150 g Zucker
1 Pck. Bourbon-Vanillezucker
3 zimmerwarme Eier (Größe M)
150 g Mehl (Weizenmehl Type 405 oder Dinkelmehl Type 630)
1 TL Backpulver (4 g)
2 EL Milch (3,5 % Fett)
Butter und Mehl für die Form
Puderzucker zum Bestäuben

1. Den Backofen auf 180 °C (Umluft 160 °C) vorheizen. Ober-/Unterhitze ist empfehlenswert. Die Äpfel schälen, vierteln und entkernen. Auf der gewölbten Seite die Apfelviertel mit ungefähr ½ cm Abstand mit einem scharfen Messer einschneiden und in eine kleine Rührschüssel geben. Mit Zitronensaft vermischen, damit sie nicht braun werden. Beiseitestellen.

2. Butter, Zucker und Vanillezucker in eine große Rührschüssel geben und mit den Quirlen des Handrührgeräts für 2–5 Minuten cremig rühren, bis die Masse hellgelb ist. Die Eier einzeln nacheinander jeweils ca. 30 Sekunden einrühren. Das Mehl in eine Rührschüssel geben und mit dem Backpulver vermengen. Gemeinsam mit der Milch zur Butter-Zucker-Masse geben und nur sehr kurz (max. 20–30 Sekunden) unterrühren.

3. Die Springform einfetten und mit Mehl ausstreuen. Den Rührteig in die Form geben und gleichmäßig verteilen. Die Apfelstücke mit der eingeschnittenen Seite nach oben darauf verteilen. Leicht eindrücken, wodurch sie bereits den Springformboden berühren können.

4. Den Kuchen im heißen Backofen auf der zweiten Schiene von unten ca. 35 Minuten backen, noch lauwarm mit Puderzucker bestäuben.

Winter

Was hält der Winter für uns bereit?

Natürlich hat der Sommer viele Vorteile: Grillabende mit Freunden, spontane Feierlichkeiten im Park oder Garten, Picknicks bei ausgedehnten Rad- oder Wandertouren. Und wenn ich an die üppigen Obst- und Gemüseernten denke, bekomme ich Sehnsucht. Aber der Winter hat durchaus seine schönen und gemütlichen Seiten: Je kälter es draußen wird, desto mehr Freunde und Familie kommen regelmäßig am großen Esstisch zusammen – die ich dann mit Freude bekoche.

Im Dezember ...

... macht sich bei mir Vorfreude auf die Vorweihnachtszeit und die Weihnachtstage breit. Ich freue mich wie ein kleines Kind auf die Zeit der Kuchen, Plätzchen, Festtagsbraten und alles, was dazu gehört. Weil es draußen immer ungemütlicher wird, landen immer häufiger wärmende Soulfood-Gerichte auf dem Speiseplan in Form von Suppen, Aufläufen und Schmorgerichten. Wirsing und Rosenkohl kommen übrigens immer noch frisch vom Feld – Winter kann auch schön sein.

Im Januar ...

... ist es zugegebenermaßen für alle Anhänger von frischem Obst und Gemüse aus dem heimischen Anbau nicht ganz einfach. Hier heißt es durchhalten und die letzten Birnen aus den großen Lagern genießen und sich durch die Apfel-Vielfalt probieren. Dafür gibt es vor allem Kohlsorten in reichlicher Auswahl, die der kräftigen Winterküche Geschmack und Aroma verleihen. Bis auf Weißkohl lässt sich eine variantenreiche Küche mit Rotkohl, Rosenkohl und Wirsing kreieren, die ich mit Lauch, Pastinaken und Portulak ergänze. Es ist neben dem Dezember der Monat der Suppen, Eintöpfe und Schmorgerichte. Und den vielfältig einsetzbaren Feldsalat kaufe ich regelmäßig am Markt.

Im Februar ...

... kommt das Jahr mit schon deutlich helleren Tagen langsam in Schwung. An eine üppige Ernte ist jedoch noch nicht zu denken. Es ist zu kalt. Nach wie vor sind es vor allem die Kohlsorten, die vom Feld kommen. Gemüse, das garantiert ohne beheizte Gewächshäuser auskommt, sind Grünkohl, Rettich und Pastinaken. Für ein bisschen Sommergefühl öffne ich die Einmachgläser mit Aprikosen, Tomaten, eingelegten Gurken ...

Im März …

…verkleidet sich der Winter manchmal als Frühling und die sehr kalten Tage werden immer weniger – die Sonne hat schon ordentlich Kraft. Die Natur geht langsam in ihren jährlichen Neustart-Modus über, und das weckt bei mir pure Vorfreude auf all das, was in den Startlöchern steht. Spinat macht den Anfang, gefolgt von den ersten Kräutern wie Bärlauch und Schnittlauch.

Winter auf dem Tisch

Die Vorboten des Winters heißen bei mir Suppe und Eintopf. Sie sind schnell gemacht, kochen quasi von allein und sind vor allem eines: wärmend und schmackhaft. Mein klassischer Linseneintopf (Seite 179) ist ein sehr altes und bewährtes Familienrezept, das ich über die Jahre hier und da ein bisschen verfeinert habe. Genauso verhält es sich mit der samtigen Kartoffelsuppe mit Möhren und Lauch (Seite 176), die durch das Wurzelgemüse ein schönes Aroma und ausgezeichnete Würze erhält. Das Beste ist an beiden Klassikern: Du kannst sie vegetarisch kochen und Würstchen so dazureichen.

Der Klassiker meiner Winterküche ist der Rinderschmorbraten (Seite 187), ein Ofengericht, das zu jeder Gelegenheit passt und sich auch hervorragend für eine lange Tafel mit vielen Gästen eignet. Dann kaufe ich einfach ein größeres Stück Fleisch und verlängere die Garzeit ein wenig. Die Beilagen können je nach Geschmack variieren: Nudeln, Spätzle, Knödel, Rosmarinkartoffeln – wie es beliebt. Der Rinderschmorbraten liegt auf einem köstlichen Gemüsebett, das sich je nach Angebot variieren lässt: Für ein würziges Ergebnis und eine exzellente Soße sollten jedoch immer Möhren, Sellerie, Schalotten oder Zwiebeln dabei sein. Kräuter wie Lorbeerblätter und, wer mag, auch Rosmarin und Thymian tun einem Braten ebenfalls sehr gut.

Gerade wenn du viele Gäste für lange Abende einplanst oder ein gemütliches Mittagessen am Sonntag kochen möchtest, eignen sich auch sehr gut meine beiden Rezepte Erdnuss-Hähnchen-Topf (Seite 184) und das schnelle Kichererbsen-Curry (Seite 195). Beides sind würzige und köstliche Gerichte, die mit Chili, Limette und Kreuzkümmel einen exotischen Hauch erhalten. Wie immer gilt auch hier: unkompliziert in der Zubereitung sowie mit und ohne Fleisch machbar.

Noch ein Wort zu den Beilagen: Das klassische Rotkohlgemüse (Seite 202) schmeckt selbst gemacht tausendmal besser als jedes Fertigprodukt, das es in Glas oder Konserve zu kaufen gibt. Diese Beilage ist wirklich einfach zu machen, es muss lediglich ab und zu umgerührt werden. Also, ganz von allein geht es nicht, aber du kannst während der rund 45 Minuten Garzeit andere Dinge erledigen und zum Beispiel eine weitere Beilage zubereiten. Für das Ergebnis lohnt es sich allemal. Der Rotkohl passt hervorragend zum Rinderschmorbraten (Seite 187), zu Gans und Ente, wenn es festlich werden soll, und (ein kleiner Tipp) auch sehr gut zu Rinderfrikadellen (Seite 183). Zu diesen lege ich dir aber auch den klassischen Kartoffelsalat (Seite 171) ans Herz. Der kommt bei mir übrigens ganz ohne Mayonnaise aus, nämlich süddeutsch angemacht, mit Brühe, Essig und Öl.

Etwas Süßes zum Schluss: An Plätzchenrezepten mangelt es dir vermutlich nicht rund um die Weihnachtszeit. Aber kennst du schon meine Walnussmakronen (Seite 210)? Du solltest das Rezept unbedingt während der nächsten Backsaison ausprobieren, sie retten jedes übrig gebliebene Eiweiß, sind luftig-lecker und passen das ganze Jahr über gut zum Kaffee oder Tee am Nachmittag. Und gerade am Nachmittag ist das Bananenbrot (Seite 214) eine gute Idee – wenn es nicht schon zum Frühstück vollständig aufgegessen ist. Es ist eine schöne Alternative zu klassischen Kuchen: weniger süß und dennoch sehr schmackhaft.

Klassischer Kartoffelsalat

Auf Kartoffelsalat könnte ich nur schwer verzichten, schon gar nicht am Heiligen Abend. Ich bereite ihn nach süddeutscher Art zu. Schön »schlotzig« muss er sein, so hat ihn meine Oma schon immer zubereitet, mit Brühe, vielen Zwiebeln und, nicht zu vergessen, Senf im Dressing.

Für 4 Portionen
45 Minuten
30 Minuten ziehen

1 großer Topf mit Deckel, 1 kleiner Topf, 1 (Servier-)Schüssel

500 g festkochende Kartoffeln (alternativ vorwiegend festkochend)
Salz
2 mittelgroße Zwiebeln
Pflanzenöl (z. B. Raps- oder Sonnenblumenöl)
100 ml Bratenfond (selbst gemacht oder aus dem Glas)
2 EL Weißweinessig
1 EL mittelscharfer Senf
1 Msp. frisch geriebene Muskatnuss
Pfeffer
Zucker
1 EL krause Petersilie

1. Kartoffeln mit Schale gut waschen, in einen großen Topf geben und mit kaltem Wasser aufgießen, sodass die Kartoffeln gerade so bedeckt sind. Zum Kochen bringen und etwas salzen. Bei mittlerer Hitze mit Deckel 30–35 Minuten, je nach Größe, sanft köcheln.

2. Für das Dressing zwischenzeitlich die Zwiebeln schälen und fein würfeln. 1 EL Pflanzenöl in einem kleinen Topf erhitzen, die Zwiebeln dazugeben und glasig dünsten. Mit Bratenfond ablöschen und erhitzen. Vom Herd nehmen und mit Weißweinessig, Senf, Muskatnuss sowie einer Prise Salz, Pfeffer und Zucker abschmecken.

3. Die Kartoffeln abgießen, kurz ausdampfen lassen, pellen und direkt in sehr dünne Scheiben in eine (Servier-)Schüssel schneiden. Im Anschluss die Kartoffelscheiben mit dem warmen Dressing vermengen und 30 Minuten ziehen lassen. Dabei ab und zu umrühren.

4. Vor dem Servieren den Kartoffelsalat noch einmal mit Salz und Pfeffer abschmecken sowie 2 EL Pflanzenöl untermischen. Petersilie waschen, trocknen und fein schneiden, den Salat damit garnieren.

Tipp: Für gute Esser empfehle ich dir, auf jeden Fall die doppelte Menge zuzubereiten.

Pikanter Quinoasalat mit Kichererbsen und Datteln

Ein schneller, vegetarischer Powersalat, ideal zum Vorbereiten und Mitnehmen, denn durchgezogen schmeckt er sogar noch leckerer. Er ist gesund, schmeckt leicht orientalisch und alle Zutaten sind im Winter überall im Lebensmittelhandel zu bekommen.

Für 6 Portionen
30 Minuten
1 Stunde durchziehen

1 Sieb, 1 Topf, 1 große (Salat-)Schüssel

100 g Quinoa
1 Dose oder 1 Glas Kichererbsen (265 g Abtropfgewicht)
2 mittelgroße Möhren
5 Frühlingszwiebeln
20 g glatte Petersilie
60 g Datteln
50 g Pistazien
50 g Rosinen

Für das Dressing:

60 ml Olivenöl
3 EL Zitronensaft
1 EL Honig
½ TL Kreuzkümmel
½ TL Salz
1 Msp. Chilipulver

1. Quinoa in einem Sieb heiß abwaschen und in einem Topf nach Packungsanweisung zubereiten. Die Kichererbsen in das Sieb geben, mit Wasser abspülen und abtropfen lassen.

2. Die Möhren schälen und grob raspeln, die Frühlingszwiebeln waschen, putzen und mit hellem Grün fein schneiden. Die Petersilie waschen, trocknen und mit Stiel fein schneiden. Die Datteln in kleine Würfel schneiden. Von den Pistazien die Schale entfernen und entsorgen und die Steinfrucht klein hacken. Die Rosinen bereitstellen.

3. Für das Dressing alle Zutaten in der Salatschüssel mit einem Schneebesen vermengen und nach Belieben abschmecken. Die Salatzutaten in die Schüssel zum Dressing geben und miteinander vermengen. Mindestens 1 Stunde ziehen lassen, auch gern über Nacht.

Tipp: Für ein Büfett den Salat direkt in kleinen Weckgläsern vorportionieren.

Möhren-Apfel-Salat

Ein leckerer, vitaminreicher und schnell gemachter Beilagensalat, den man den ganzen Winter über zubereiten kann. Möhren und Äpfel sind noch bis in den Mai hinein als Lagerware aus heimischem Anbau erhältlich.

Für 4 Portionen
30 Minuten

1 (Salat-)Schüssel,
1 Küchenreibe

Für das Dressing:
4 EL Pflanzenöl (Raps- oder Sonnenblumenöl)
3 EL Orangensaft
1 TL Honig
1 gute Prise Salz
1 Prise Pfeffer

500 g Möhren
250 g Äpfel
Saft von ½ Zitrone
3 Frühlingszwiebeln (ersatzweise 1 Zwiebel)

1. Für das Dressing alle Zutaten in eine (Salat-)Schüssel geben und mit einem Schneebesen gut verrühren, nach Belieben abschmecken.

2. Möhren und Äpfel schälen, beides auf einer Küchenreibe grob reiben und in die Schüssel geben. Zitronensaft darübergießen. Alle Zutaten wieder gut miteinander vermengen. Die Frühlingszwiebeln waschen, putzen und mit hellem Grün fein schneiden und unterheben. Nach Belieben noch einmal mit Salz und Pfeffer abschmecken.

Tipp: Du kannst den Salat noch mit gehackten Walnüssen oder Erdnüssen verfeinern.

Kartoffelsuppe mit Möhren und Lauch

In meine Kartoffelsuppe kommt neben Kartoffeln auch viel anderes Gemüse; sie wird gekrönt mit herzhaftem Emmentaler. Der Weißwein ist optional und kann durch Gemüsebrühe ersetzt werden, wenn Kinder mitessen. Er bringt durch seine Säure jedoch eine besondere Geschmackskomponente.

Für 4 Portionen
45 Minuten

1 großer Topf mit Deckel, 1 Pürierstab, 1 Küchenreibe

800 g vorwiegend festkochende Kartoffeln
2 mittelgroße Zwiebeln
2 Knoblauchzehen
40 g Butter
200 ml Weißwein
1 l Gemüsebrühe
300 g Möhren
200 g Lauch
2 TL italienische Trockenkräutermischung + etwas mehr zum Abschmecken
Salz, Pfeffer
frisch geriebene Muskatnuss
100 g Emmentaler am Stück
Schnittlauch und Kresse zum Servieren

1. Die Kartoffeln waschen, schälen und in kleine Würfel schneiden. Die Zwiebeln und die Knoblauchzehen schälen und in kleine Würfel schneiden. Die Butter in einem Topf erhitzen und die Zwiebeln darin glasig dünsten. Den Knoblauch und die Kartoffeln unterheben und kurz mitdünsten.

2. Mit Weißwein ablöschen und diesen auf etwa die Hälfte reduzieren lassen. Die Gemüsebrühe hinzufügen und alles für ca. 20 Minuten mit halb geöffnetem Deckel köcheln lassen, bis die Kartoffeln weich sind.

3. In der Zwischenzeit die Möhren schälen und in sehr kleine Würfel schneiden. Den Lauch waschen, putzen und in feine Streifen schneiden.

4. Mit dem Pürierstab die Suppe pürieren, den Lauch, die Möhren sowie die Trockenkräuter unterrühren. Alles noch mal für ca. 8 Minuten köcheln lassen. Zum Schluss mit Salz, Pfeffer, Muskatnuss und Trockenkräutern nach Belieben abschmecken.

5. Emmentaler auf einer Küchenreibe fein reiben. Schnittlauch waschen, trocken schütteln und fein schneiden. Kresse abschneiden, waschen und trocknen. Als Topping für die Suppe servieren.

Tipp: Vegetarier lassen die Wiener Würstchen einfach weg. Statt eines Gewürzsiebs ein Tee-Ei oder einen Teefilter verwenden und mit Küchengarn verschnüren.

Klassischer Linseneintopf

Die Linsensorte Berglinsen eignet sich aus meiner Sicht perfekt für diesen klassischen Eintopf, denn Berglinsen müssen nicht eingelegt werden, das spart Zeit. Linsen mögen beim Vorkochen leider kein Salz, sonst werden sie ungleichmäßig weich. Übrigens: Je länger Linsen gelagert werden, umso länger brauchen sie, um gar zu werden.

Für 4 Portionen
45 Minuten

1 großer Topf, 1 Sieb, 1 Gewürzsieb

250 g Berglinsen
1 mittelgroße Zwiebel
1 Knoblauchzehe
50 g Knollensellerie
250 g Möhren
300 g festkochende Kartoffeln
1 ½ EL Butterschmalz
1 l Gemüsebrühe
1 Lorbeerblatt
1 TL schwarze Pfefferkörner
2 Gewürznelken
1 Wacholderbeere
2 Prisen Salz
1 Prise Pfeffer
1 Prise Zucker
1 EL weißer Balsamicoessig (ersatzweise Weißweinessig)
3 EL krause Petersilie
4 Wiener Würstchen nach Wahl

1. In einem großen Topf (die Linsen schäumen gern über) 750 ml Wasser ohne Salz zum Kochen bringen, die Berglinsen hineingeben und auf kleiner Hitze 20 Minuten ohne Deckel köcheln lassen. Den Schaum nach Belieben abschöpfen. Am Ende der Garzeit die Linsen in einem Sieb abgießen, abtropfen lassen und beiseitestellen. Den Topf auswischen.

2. Zwischenzeitlich Zwiebel, Knoblauchzehe, Knollensellerie sowie Möhren schälen und in feine Würfel schneiden. Die Kartoffeln waschen, schälen und ebenfalls würfeln. Butterschmalz in einem Topf erhitzen und die Zwiebeln auf kleiner Hitze glasig dünsten. Knoblauch, Sellerie, Möhren und Kartoffeln dazugeben und alles ca. 2 Minuten weiterdünsten.

3. Mit Gemüsebrühe ablöschen und die vorgekochten Linsen hineingeben. In das Gewürzsieb ein geknicktes Lorbeerblatt, schwarze Pfefferkörner, Gewürznelken und Wacholderbeere hineingeben und mit der Suppe bei mittlerer Hitze für 15–20 Minuten ohne Deckel köcheln lassen, bis die Linsen die gewünschte Weichheit haben. Am Ende der Garzeit die Suppe nach Belieben mit Salz, Pfeffer, Zucker und Essig abschmecken. Die Petersilie waschen, trocknen und fein schneiden. Die Wiener Würstchen klein schneiden und gemeinsam mit der Petersilie zur Suppe reichen.

Schweinefiletmedaillons in Pfefferrahmsoße

So lecker und unglaublich schnell mit wenigen Zutaten zubereitet. Diese sollten allesamt von guter Qualität sein, das Fleisch am besten aus artgerechter Tierhaltung kommen. Es ist übrigens auch ein tolles Gericht, wenn du für liebe Freunde kochst.

Für 4 Portionen
25 Minuten

1 kleines Sieb,
1 große Pfanne mit Deckel

600 g Schweinefilet
Salz
3 Zweige frischer Thymian
2 Knoblauchzehen
3 TL eingelegter, grüner Pfeffer (aus dem Glas)
2 EL Pflanzenöl (z. B. Sonnenblumen- oder Rapsöl)
1 Lorbeerblatt
schwarzer Pfeffer aus der Mühle
1 EL Sherry (Likörwein) nach Belieben
200 ml Bratenfond (selbst gemacht oder aus dem Glas)
250 g Sahne
1 EL Sojasoße
1 TL mittelscharfer Senf
Salz

1. Das Schweinefilet in ca. 2 ½ cm dicke Scheiben schneiden und diese etwas plätten. Die schmaleren Enden ca. 5 cm lang abschneiden. Die Medaillons von beiden Seiten salzen. Die Thymianzweige waschen und trocken schütteln, die Knoblauchzehen mit Schale mit der Hand oder dem Messerrücken etwas plattdrücken. Die grünen Pfefferkörner aus dem Glas in ein kleines Sieb geben, abspülen und abtropfen lassen.

2. In einer großen Pfanne das Pflanzenöl erhitzen, Thymianzweige, Knoblauchzehen und das Lorbeerblatt seitlich mit in die Pfanne legen und portionsweise die Medaillons auf hoher Stufe von jeder Seite 2–3 Minuten goldbraun braten. Die Medaillons herausnehmen und nach Belieben pfeffern. Kräuter und Knoblauch nach Wunsch entsorgen.

3. Für die Pfefferrahmsoße den Bratensatz mit Sherry ablöschen und im Anschluss den Bratenfond hineingeben. Etwa 2 Minuten einkochen lassen. Sahne, grüne Pfefferkörner, Sojasoße und Senf hinzufügen. Nochmals aufkochen und 1 Minute köcheln lassen, nach Belieben abschmecken. Die Schweinemedaillons in die Rahmsoße legen und samt ausgetretenem Fleischsaft mit Deckel noch 1 Minute ziehen lassen.

Tipp: Den Sherry weglassen, wenn Kinder mitessen.

You Can Satisfy That Wanderlust—
A. R. DEAN

Mamas Rinderfrikadellen

So bereitete meine Mama ihre Frikadellen zu. Sie mochte weder Toastbrot, Brötchen noch Semmelbrösel in der Masse. Selbst das Ei fehlte bei ihr, das habe ich später hineingemogelt. Eine Frikadelle, fast so ursprünglich wie ein Burger-Patty. Winterliches Rahmgemüse dazu und fertig ist das perfekte Soulfood.

Für 4 Portionen
30 Minuten

1 kleine und 1 große Pfanne, 1 Schüssel

1 mittelgroße Zwiebel
10 g glatte Petersilie
1 EL Pflanzenöl
500 g Rinderhackfleisch
1 TL Salz
2 TL mildes Paprikapulver
1 Msp. schwarzer Pfeffer aus der Mühle
1 Ei (Größe M)
1 Knoblauchzehe nach Belieben
1 EL Butterschmalz

1. Die Zwiebel in kleine Würfel schneiden. Die Petersilie waschen, trocknen und mit den Stielen sehr klein schneiden. Pflanzenöl in einer kleinen Pfanne erhitzen und die Zwiebelwürfel auf mittlerer Stufe glasig dünsten.

2. Das Hackfleisch in eine Schüssel geben. Salz, Paprikapulver, Pfeffer, Ei und Petersilie hinzufügen. Wahlweise eine Knoblauchzehe hineinpressen. Die Zwiebeln kurz ausdampfen lassen und ebenfalls dazugeben, alles miteinander vermengen und die Frikadellen in der gewünschten Größe formen.

3. Butterschmalz in einer großen Pfanne erhitzen und auf mittlerer bis hoher Stufe die Frikadellen unter gelegentlichem Wenden insgesamt ca. 10 Minuten braten.

Tipp: Pro Frikadelle 60 g Fleischmasse abwiegen, dann werden sie schön gleichmäßig.

Erdnuss-Hähnchen-Topf nach afrikanischer Art

Wenn du so wie ich ein großer Erdnussbutter- und Tomatenfan bist, ist das ein Rezept für dich. Inspiriert hat mich die afrikanische Küche, denn in manchen Teilen Afrikas wird sehr viel mit Erdnussbutter in Kombination mit Tomaten gekocht. Ich empfehle dir Reis, Fladenbrot oder Naan-Brot dazu.

Für 4 Portionen
45 Minuten

1 große Pfanne

500 g Hähnchenbrustfilet
Salz
1 mittelgroße Zwiebel
2 Knoblauchzehen
1 Peperoni
2 EL Erdnussöl (oder Raps- oder Sonnenblumenöl)
150 g cremige Erdnussbutter
500 ml Geflügelfond (aus dem Glas oder selbst gemacht)
1 Dose stückige Tomaten (à 400 g)
1 Prise Salz
1 ½ TL Kreuzkümmel
1 ½ EL Honig
2 Spritzer Limettensaft
2 EL gesalzene Erdnüsse
2 EL gehackte Petersilie oder Koriander
Chiliflocken zum Servieren

1. Das Hähnchenbrustfilet mit einem Küchenpapier abtupfen, in ca. 1 ½ cm große Würfel schneiden und salzen. Zwiebel und Knoblauch schälen und in feine Würfel schneiden. Die Peperoni waschen, nach Belieben entkernen und fein schneiden.

2. Das Erdnussöl in einer großen Pfanne erhitzen und die Hähnchenbrustwürfel darin anbraten, bis sie leicht gebräunt sind, aus der Pfanne nehmen und warmstellen. Im verbliebenen Öl (eventuell noch 1 EL hineingeben) die Zwiebel, den Knoblauch und die Peperoni andünsten.

3. Die Erdnussbutter in die Pfanne geben und verrühren. Geflügelfond und die stückigen Tomaten hinzugeben und alles miteinander verrühren. Mit Salz, Kreuzkümmel und Honig würzen. Das gebratene Hähnchenfleisch hineingeben und 20 Minuten ohne Deckel auf mittlerer Stufe köcheln. Dabei ab und zu umrühren.

4. Am Ende der Garzeit einen Spritzer Limettensaft dazugeben und nach Belieben abschmecken. Erdnüsse klein hacken. Petersilie oder Koriander waschen, trocknen und mit Stielen fein schneiden. Erdnüsse, Petersilie oder Koriander und Chiliflocken zum Servieren reichen.

Tipp: Für eine vegetarische Alternative Tofu verwenden. Du kannst den gemahlenen Kreuzkümmel gegen Zimt tauschen.

Rinderschmorbraten mit sehr viel Soße

Der klassische Sonntagsbraten wird für mich niemals aus der Mode kommen und ist in der Winterzeit einfach nicht wegzudenken. Beim Rindfleischkauf solltest du darauf achten, dass das Schmorfleisch mindestens 14 Tage gereift wurde, davon hängen die Zartheit und der Geschmack ab. Damit ein Braten grundsätzlich nicht trocken wird, benötigt es eine lange und schonende Garzeit bei geringer Temperatur. Das ist das ganze Geheimnis.

Für 6 Portionen
30 Minuten
2 Stunden schmoren

1 großer Bräter mit Deckel, 1 Bratenthermometer, 1 großes Sieb, 1 Topf, 1 Servierplatte

1 ½ kg Rinderschmorbraten (ein Stück aus der Keule oder Schulter)
Salz
200 g Schalotten
180 g Möhren
200 g Knollensellerie
200 g Lauch
1 EL Butterschmalz
schwarzer Pfeffer aus der Mühle
1 EL Tomatenmark
1 EL Zucker

1. Den Backofen auf 160 °C vorheizen (Umluft 140 °C), ich empfehle Ober-/Unterhitze. Den Rinderbraten gegebenenfalls von Haut und Sehnen befreien und mit einem Küchentuch abtupfen. Von allen Seiten salzen. Schalotten schälen und längs halbieren, Möhren schälen und in dicke Scheiben schneiden, Knollensellerie schälen und in dicke Würfel schneiden, Lauch waschen, putzen und in dicke Streifen schneiden.

2. In einem großen Bräter das Butterschmalz erhitzen und bei starker Hitze den Braten 3–4 Minuten rundherum scharf anbraten, herausnehmen und von allen Seiten pfeffern. Das Gemüse mit dem Tomatenmark und dem Zucker in den Bräter geben, gut verrühren und ca. 5 Minuten anrösten.

3. Mit Rotwein ablöschen und stark einkochen lassen. Dann den Rinderfond dazugießen, die Lorbeerblätter einlegen und den Braten hineinlegen.

400 ml trockener Rotwein (ersatzweise roter Traubendirektsaft)
800 ml Rinderfond (selbst gemacht oder aus dem Glas)
2 Lorbeerblätter
2 EL Speisestärke
mittelscharfer Senf
Petersilie zum Servieren

4. Zugedeckt ca. 2 Stunden in den Backofen geben, in der Zeit einmal wenden und für die letzten 15 Minuten den Deckel entfernen. Falls gewünscht, das Bratenthermometer zu Hilfe nehmen. Zur Orientierung: Kerntemperatur 75 °C = durch. Den Bräter aus dem Ofen nehmen und warmhalten. Eine Servierplatte aufwärmen.

5. Das Gemüse mit dem Garsud durch ein Sieb in einen anderen Topf passieren und die Gemüsereste entfernen. Die Soße aufkochen lassen. Speisestärke mit 2 EL Wasser in einem Glas anrühren, unter Rühren in die Soße geben und etwa 2 Minuten einkochen lassen. Nach Belieben die Bratensoße mit Salz, Pfeffer und Senf abschmecken. Petersilie waschen, trocknen, klein schneiden. Den Braten aufschneiden, auf die vorgewärmte Servierplatte geben, mit Petersilie bestreuen und zügig servieren und die Soße dazu reichen.

Tipp: Immer nur den Rotwein zum Kochen verwenden, den du auch zum Trinken servieren würdest.

Spaghetti-Auflauf mit schneller Hackfleischsoße

Spaghetti mit Hackfleischsoße mal anders serviert, nämlich als Auflauf mit Käse überbacken. Ein Auflauf, der an »Pasta al forno« erinnert und dich und deine Lieben bestimmt glücklich macht.

Für 4 Portionen
20 Minuten
20 Minuten backen

2 große Töpfe,
1 große Schüssel,
1 Küchenreibe,
1 Auflaufform (ca. Ø 24 cm)

250 g Spaghetti (5–9 Minuten Kochzeit)
2 Eier (Größe M)
Salz
40 g Parmesan, Menge geteilt
Butter für die Form
2 mittelgroße Möhren
1 kleine Zwiebel
2 EL Olivenöl
400 g Rinderhackfleisch (ersatzweise Sojahack)
3 Knoblauchzehen
2 EL Tomatenmark
1 Prise schwarzer Pfeffer
1 TL getr. Oregano

1. Den Backofen auf 200 °C (Umluft 180 °C) vorheizen. Spaghetti nach Packungsanweisung in einem großen Topf mit reichlich Salzwasser kochen. Abgießen und leicht abkühlen lassen.

2. Die Eier in eine große Schüssel geben, 20 g Parmesan reiben und dazugeben, mit 1 Prise Salz würzen. Die Spaghetti unter die Masse rühren. Die Auflaufform mit Butter einfetten, die Spaghetti-Ei-Masse hineingeben und wie bei einem Teig einen Rand formen.

3. Möhren und Zwiebel schälen und in sehr kleine Würfel schneiden. Das Olivenöl in einem großen Topf erhitzen, bei mittlerer Stufe Zwiebeln und Möhren für ca. 3 Minuten andünsten. Das Hackfleisch mit dem Gemüse vermengen, etwas salzen und auf hoher Stufe krümelig anbraten.

4. Den Knoblauch schälen und dazupressen, Tomatenmark hinzufügen, mit ½ TL Salz, Pfeffer und Oregano würzen und alles gut miteinander vermengen.

500 g passierte Tomaten
1 Prise Zucker
15 g Petersilie
125 g Mozzarella

5. Die passierten Tomaten und den Zucker unterrühren, etwa 2 Minuten köcheln lassen. In der Zeit die Petersilie waschen, trocknen, mit Stiel klein schneiden und unterheben. Nach Belieben die Soße abschmecken und im Anschluss in der Spaghetti-Kule verteilen, ohne den Rand zu bekleckern.

6. Den Mozzarella abgießen, klein zupfen und mit den restlichen 20 g Parmesan auf der Hackfleischmasse verteilen. Für 20–25 Minuten in den heißen Backofen auf die mittlere Schiene geben, bis der Käse leicht Farbe hat.

Tipp: Wenn es schnell gehen muss, einfach die schnelle Hackfleischsoße zu gekochten Nudeln reichen. Wer es vegetarisch möchte, gern Sojahack verwenden.

Wirsing-Kartoffel-Auflauf

Der hübsche Kohl mit den krausen Blättern ist für mich aus der Winterküche nicht wegzudenken. Wie alle aus der Kohlfamilie ist auch er eine Vitamin-C-Bombe – und das kann ja im Winter bekanntlich nicht schaden. In diesem Rezept habe ich ihn mit Kartoffeln zu einem wohlig warmen Auflauf kombiniert.

Für 4 Portionen
30 Minuten
20 Minuten überbacken

2 große Töpfe mit Deckeln, 1 große Auflaufform (ca. 30 × 20 cm), 1 kleine Schüssel

1 kg festkochende Kartoffeln
Salz
Butter für die Form
1 kg Wirsing (ungeputzt)
100 g Schalotten
2 EL Butter
1 TL Zucker
2 EL weißer Balsamicoessig (oder Weißweinessig)
250 g Sahne (oder Kochsahne)
1 Msp. schwarzer Pfeffer aus der Mühle
1 Msp. frisch geriebene Muskatnuss
150 g ger. junger Gouda
frische Petersilie zum Garnieren

1. Den Backofen auf 200 °C (Umluft 180 °C) vorheizen. Die Kartoffeln waschen, schälen und in ca. 2 ½ cm große Würfel schneiden, in einen Topf geben und mit kaltem Wasser knapp bedecken, ½ TL Salz dazugeben und 15 Minuten mit aufgesetztem Deckel kochen, abgießen. Die Auflaufform mit etwas Butter einfetten, die Kartoffeln darin verteilen.

2. Vom Wirsing die äußeren Blätter entfernen, ihn in zwei Hälften schneiden und den Strunk herausschneiden. Die Blätter entfernen, waschen, trocken schütteln und in ca. 1 cm breite Streifen schneiden. Die Schalotten schälen und in feine Streifen schneiden.

3. In einem großen Topf die Butter erhitzen, Schalotten hineingeben und Zucker darüberstreuen. 2 Minuten glasig dünsten.

4. Die Wirsingstreifen dazugeben, mit Essig und 150 ml Wasser übergießen und mit 1 TL Salz vermengen. Mit aufgesetztem Deckel bei mittlerer Hitze 15 Minuten dünsten. Gelegentlich umrühren. Den gedünsteten Wirsing zu den Kartoffelwürfeln in die Auflaufform geben und miteinander vermengen.

Tipp: Wenn du magst, kannst du noch gekochte Schinkenwürfel in den Auflauf hineingeben.

5. Die Sahne in eine kleine Schüssel geben und mit ½ TL Salz, Pfeffer und Muskatnuss würzen und gleichmäßig über das Gemüse gießen. Den geriebenen Käse darüberstreuen und im heißen Backofen auf der mittleren Schiene 15–20 Minuten überbacken. Nach der Backzeit ca. 5 Minuten ausdampfen lassen, auch, damit die Sahne noch etwas in die Zutaten einziehen kann. Petersilie waschen, trocknen, grob hacken und über den Auflauf streuen.

Kichererbsen-Curry

Dieses Rezept hat mich schon sehr oft gerettet. Nahezu alles, was dafür nötig ist, habe ich nämlich immer im Vorrat und habe somit blitzschnell ein ausgewogenes Essen gezaubert. Das Curry schmeckt sehr gut mit Reis, aber auch Fladen- oder Naan-Brot passen prima dazu.

Für 4 Portionen
25 Minuten

1 Sieb, 1 (Wok-)Pfanne

2 Dosen/Gläser vorgekochte Kichererbsen (215–265 g Abtropfgewicht)
50 g Schalotten
2 Knoblauchzehen
2 EL Olivenöl
5 g Bio-Ingwer
2 TL Currypulver
2 TL brauner Zucker
1 ½ TL gem. Kreuzkümmel
1 Msp. Chiliflocken + etwas mehr zum Abschmecken
1 Prise Salz + etwas mehr zum Abschmecken
½ Zimtstange
1 Dose ganze, geschälte Tomaten (à 400 g)
1 Dose Kokosmilch (à 400 ml)
1 Spritzer Limettensaft
2 EL frischer Koriander (ersatzweise Petersilie)

1. Die Kichererbsen in ein Sieb abgießen und mit kaltem Leitungswasser abspülen. Gut abtropfen lassen. Schalotten und Knoblauchzehen schälen und in kleine Würfel schneiden. Olivenöl in einer (Wok-)Pfanne erhitzen und beides darin auf sanfter Stufe glasig dünsten.

2. Den Ingwer heiß abwaschen, trocknen und mit Schale feinreiben oder kleinschneiden, gemeinsam mit Currypulver, braunem Zucker, Kreuzkümmel, Chiliflocken, Salz und der Zimtstange in die Pfanne geben, gut verrühren und 30 Sekunden mitdünsten.

3. Mit den Tomaten und der Kokosmilch ablöschen und die abgetropften Kichererbsen unterrühren. Aufkochen lassen und ohne Deckel ca. 10 Minuten köcheln lassen. Nach Belieben mit Salz und Chiliflocken sowie Limettensaft abschmecken. Koriander waschen, trocknen, fein hacken und zum Curry servieren.

Rote-Linsen-Bolognese mit Pasta

Eine köstliche Alternative zum Fleischklassiker, mit viel Gemüse, das auch im Winter erhältlich ist. Es ergibt eine vollwertige Mahlzeit für die ganze Familie, die sogar manchen Fleischliebhaber glücklich macht.

Für 4 Portionen
45 Minuten

1 Sieb, 1 Küchenreibe, 1 große Pfanne mit Deckel, 1 großer Topf

120 g rote Linsen
150 g Champignons
150 g Möhren
200 g Lauch
1 große Zwiebel (ca. 40 g)
2–3 Knoblauchzehen
3 EL Olivenöl
40 g Tomatenmark
500 ml Gemüsebrühe
1 Dose stückige Tomaten (à 400 g)
1 Prise Zucker
2 TL italienische Kräuter
400 g Nudeln nach Belieben (z. B. Tagliatelle)
Salz, Pfeffer
1 Spritzer Balsamicoessig
1 Handvoll Basilikumblätter
Parmesan

1. Die roten Linsen in einem Sieb abwaschen und gut abtropfen lassen. Die Champignons putzen und in feine Würfel schneiden. Die Möhren schälen und auf einer Küchenreibe grob raspeln. Den Lauch putzen, waschen und in feine Ringe schneiden. Die Zwiebel und die Knoblauchzehen schälen und in feine Würfel schneiden.

2. In einer großen Pfanne das Olivenöl erhitzen und die Zwiebeln und den Lauch 2–3 Minuten andünsten. Tomatenmark, Möhren und Champignons dazugeben und bei starker Hitze für ca. 3 Minuten anrösten. Den Knoblauch unterrühren, kurz dünsten lassen.

3. Mit der Gemüsebrühe und den Dosentomaten ablöschen, die roten Linsen hineingeben sowie mit Zucker und italienischen Kräutern würzen. Aufkochen lassen und bei kleiner bis mittlerer Hitze mit aufgesetztem Deckel für 20 Minuten köcheln lassen.

4. Die gewählte Nudelsorte in einem Topf mit reichlich Salzwasser nach Packungsanweisung zubereiten.

5. Zum Schluss die Rote-Linsen-Bolognese nach Belieben mit Salz, Pfeffer und dunklem Balsamicoessig abschmecken. Basilikumblätter waschen, trocknen und klein zupfen, Parmesan frisch reiben und beides dazu servieren.

Tortellini in Schinken-Champignon-Sahnesoße

Diese Pasta ist meine Interpretation des italienischen Klassikers »Tortellini alla Panna«. Die Tortellini lasse ich direkt in der Soße garen, das ist praktisch, spart einen Topf und sie haben obendrein noch etwas Biss.

Für 4 Portionen
25 Minuten

1 (Zester- oder) Küchenreibe, 1 große Pfanne

200 g gekochter Schinken
150 g Champignons
1 Knoblauchzehe
1 Bio-Zitrone
30 g Parmesan + etwas mehr zum Servieren
50 g Butter
300 g Sahne
1 Prise Salz
1 Msp. schwarzer Pfeffer aus der Mühle
1 Msp. frisch geriebene Muskatnuss
500 g frische Tortellini, Füllung nach Wahl (aus dem Kühlregal, ca. 2 Minuten Garzeit)
Basilikumblätter zum Servieren

1. Den Kochschinken in Würfel schneiden, die Champignons putzen und in dünne Scheiben schneiden. Die Knoblauchzehe schälen und etwas plattdrücken. Etwa 1 TL Schale der Zitrone abreiben. Den Parmesan auf einer Reibe fein reiben.

2. In einer großen Pfanne die Butter erhitzen und die Schinkenwürfel und Champignons für ca. 3 Minuten auf mittlerer Stufe dünsten. Mit Sahne, Knoblauch und Zitronenabrieb verrühren sowie mit Salz, Pfeffer und Muskatnuss abschmecken. 2 Minuten köcheln lassen.

3. Den Parmesan und die ungekochten Tortellini unterrühren und für 4 Minuten leicht köcheln lassen. Ab und zu umrühren, damit nichts am Pfannenboden anhaftet. Basilikum waschen, trocknen und die Blätter abzupfen Die Tortellini mit Parmesan und Basilikumblättern servieren.

Tipp: Statt einer ofenfesten Pfanne kann du auch eine Auflaufform verwenden.

Ofenrisotto mit Hähnchen und getrockneten Pilzen

Risotto aus dem Ofen braucht kaum Zuwendung, und diese winterliche Variante kannst du obendrein aus dem Ärmel schütteln. Denn fast alle Zutaten können aus dem Vorrat kommen. Das Rezept eignet sich außerdem ideal für unangekündigte Gäste, als Vorspeise oder als Zwischengang.

Für 4 Portionen
20 Minuten
40 Minuten garen

2 kleine Schüsseln, 1 ofenfeste (Schmor-) Pfanne mit Deckel, 1 Küchenreibe

30 g getrocknete Steinpilze (alternativ eine andere Sorte)
500 g Hähnchenbrustfilet
Salz
schwarzer Pfeffer
3 Zweige frischer Thymian
Butter für die Pfanne
400 g Risottoreis
1 l Geflügelfond (selbst gemacht oder aus dem Glas)
1 Knoblauchzehe
80 g Parmesan
50 g Butter
Meersalz

1. Den Backofen auf 220 °C (Umluft 200 °C) vorheizen. Umluft ist empfehlenswert. Die Steinpilze in eine kleine Schüssel geben und mit 200 ml heißem Wasser übergießen. 5 Minuten ziehen lassen, abgießen und das Einweichwasser in einer kleinen Schüssel auffangen. Die aufgeweichten Steinpilze klein schneiden und beiseitestellen.

2. Das Hähnchenbrustfilet abtupfen und in ca. 2 cm große Würfel schneiden, gut salzen und pfeffern. Den Thymian waschen, trocknen und die Blätter abzupfen. Die Pfanne einfetten, den ungekochten Reis hineingeben, das rohe Hähnchenfleisch, die Steinpilze und die Thymianblättchen darauf verteilen. Mit dem Steinpilze-Einweichwasser und dem Geflügelfond übergießen. Den Knoblauch schälen, mit einer Knoblauchpresse hineinpressen und alles vermengen.

3. Die Pfanne für 35 Minuten mit geschlossenem Deckel in den heißen Backofen auf die mittlere Schiene geben. Nach Ablauf der Zeit weitere 5 Minuten ohne Deckel im heißen Ofen lassen. In der Zeit den Parmesan auf einer Küchenreibe fein reiben. Das Risotto aus dem Ofen nehmen und die Butter sowie den Parmesan für ca. 1 Minute unterrühren. Mit Meersalz und schwarzem Pfeffer aus der Mühle servieren.

Klassisches Rotkohlgemüse

Rotkohlgemüse gehört für mich zum Winter wie der Schokoweihnachtsmann. Es darf auf keinen Fall auf dem Speiseplan fehlen. Es passt natürlich perfekt als Beilage zu einem Sonntagsbraten wie dem Rinderschmorbraten (Seite 187) oder der Weihnachtsgans. Aber: Auch werktags ist Rotkohlgemüse ein Gedicht zu kurz gebratenem Fleisch oder vegetarisch zu Spätzle oder Klößen.

Für 6 Portionen
15 Minuten
45 Minuten garen

1 großer Topf mit Deckel, 1 Gewürzsieb (oder ein Tee-Ei)

- 1 kg Rotkohl (ungeputzt)
- 2 Zwiebeln
- 1 säuerlicher Apfel (z. B. Boskop)
- 50 g Butterschmalz
- 2 EL Zucker+ etwas mehr zum Abschmecken
- 2 EL Apfelessig (ersatzweiße Balsamicoessig) + etwas mehr zum Abschmecken
- 1 TL Salz + etwas mehr zum Abschmecken
- 5 ganze Nelken
- 3 Wacholderbeeren
- 2 Lorbeerblätter
- 50 ml roter Traubendirektsaft oder trockener Rotwein + etwas mehr zum Abschmecken

1. Vom Rotkohl die äußeren Blätter entfernen, den Kohl mit einem Brotmesser vierteln, die Strünke mit einem Gemüsemesser keilförmig herausschneiden. Den Kohl in ungefähr 3 mm breite Streifen schneiden oder hobeln. Die Zwiebeln schälen und in feine Würfel schneiden. Den Apfel waschen, nach Belieben schälen, dann vierteln, entkernen und in feine Würfel schneiden.

2. Das Butterschmalz in einem großen Topf erhitzen, die Zwiebel- und Apfelwürfel hineingeben, mit Zucker bestreuen und für 1–2 Minuten andünsten. Den Rotkohl dazugeben und sofort mit Apfelessig vermengen.

3. Mit 300 ml Wasser übergießen und Salz unterrühren. Die Nelken, Wacholderbeeren und Lorbeerblätter in ein Gewürzsieb und zum Gemüse geben. Mit geschlossenem Deckel bei mittlerer Hitze für ca. 45 Minuten weich dünsten, bis das Gemüse den gewünschten Biss hat. Dabei gelegentlich umrühren und eventuell 100 ml Wasser nachgießen.

4. Nach der Kochzeit das Gewürzsieb entfernen und das Rotkohlgemüse nach Belieben mit Traubensaft oder Rotwein, Salz, Zucker und teelöffelweise Essig abschmecken.

Tipp: Aufgewärmt am nächsten Tag schmeckt klassischer Rotkohl noch besser und er lässt sich auch prima einfrieren.

COCOTTE
STAUB
STAUB

STAUB
STAUB

Rosenkohl-Gratin

Die einen lieben ihn, die anderen hassen ihn, den kleinsten Vertreter der Kohlfamilie: Rosenkohl. Ich liebe das grüne Knubbelgemüse und habe es in einem winterlichen Gratin verarbeitet. Du kannst es als Beilage zu Würstchen oder Fleisch, aber auch als Hauptgericht, zum Beispiel mit Salzkartoffeln, genießen.

Für 4 Portionen
30 Minuten
30 Minuten garen

1 großer Topf,
1 Schüssel,
1 runde Auflaufform
(Ø ca. 26 cm),
1 Küchenreibe,
1 Sieb

750 g Rosenkohl (ungeputzt)
Salz
150 g Sahne
150 g Schmand (ersatzweise Crème fraîche)
3 Eier (Göße M)
3–4 frische Thymianzweige
1 Msp. schwarzer Pfeffer aus der Mühle
1 Msp. frisch geriebene Muskatnuss
1 Spritzer Zitronensaft
Butter für die Form
80 g Frühstücksspeck (in dünne Scheiben geschnitten)
50 g Emmentaler am Stück
1 EL ganze Haselnüsse

1. Den Backofen auf 200 °C (Umluft 180 °C) vorheizen. Vom Rosenkohl die äußeren Blätter entfernen, dafür die Strünke etwas abschneiden, damit sich die äußeren Blätter besser lösen. Falls die Röschen von unterschiedlicher Größe sind, in die großen Vertreter ein kleines Kreuz schneiden. Zum Schluss waschen, abtropfen lassen und in einen Topf geben. Den Rosenkohl mit kaltem Wasser bedecken, 1 ordentliche Prise Salz dazugeben und für 10 Minuten ganz sanft (ohne Deckel) köcheln lassen.

2. Zwischenzeitlich in einer Schüssel Sahne, Schmand und Eier mit einem Schneebesen vermengen. Thymianzweige waschen, die Blätter abzupfen und zur Eimasse geben. Mit 1 Prise Salz, Pfeffer und Muskatnuss sowie 1 Spritzer Zitronensaft würzen.

3. Die Auflaufform leicht mit Butter einfetten und mit den Frühstücksspeck-Scheiben auslegen. Den Emmentaler fein reiben und die Nüsse hacken.

4. Den Rosenkohl in einem Sieb abgießen, abtropfen lassen und etwas ausdampfen lassen. Die Röschen halbieren und mit der Schnittfläche nach oben in die Auflaufform schichten. Die Eier-Sahne-Masse über den Rosenkohl gießen und den geriebenen Käse sowie die Nüsse darauf verteilen. Im heißen Backofen auf der mittleren Schiene 30 Minuten backen.

Mousse au chocolat

Der Dessert-Klassiker bekommt in meiner Variante eine doppelte Portion Schokolade. Für Geschmack und Mundgefühl kommt zusätzlich eine ganze, fein geriebene Tafel in die Masse. Nicht wundern: Ich verwende keinen Zucker, der Schokoladengeschmack mit seiner eigenen leichten Süße soll im Vordergrund stehen.

Für 4 Portionen
25 Minuten
5 Stunden Kühlzeit, besser über Nacht

1 Rührschüssel, 2 Rührbecher, 1 Handrührgerät, 1 Küchenreibe, 1 Wasserbadschüssel und Topf, 1 Servierschale oder 4 Schälchen

3 frische, zimmerwarme Eier (Größe L)
Salz
250 g Sahne
2 Tafeln Zartbitterschokolade (à 100 g, mind. 50 % Kakaoanteil)
Schokolade zum Verzieren

1. Die Eier trennen, dabei das Eigelb in eine Rührschüssel geben und das Eiweiß in einen Rührbecher. Das Eiweiß mit einer kleinen Prise Salz zu Eischnee steif schlagen und in den Kühlschrank stellen. Die Sahne in einem zweiten Rührbecher steif schlagen und ebenfalls in den Kühlschrank stellen.

2. Eine Tafel Schokolade auf einer Küchenreibe sehr fein reiben und beiseitestellen. Die zweite Tafel Schokolade in grobe Stücke teilen und in eine Wasserbadschüssel geben. In einem passenden Topf Wasser erhitzen, die Wasserbadschüssel hineingeben und die Schokolade zum Schmelzen bringen, sie sollte nur warm und auf keinen Fall heiß sein.

3. Das Eigelb mit dem Schneebesen aufschlagen und die warme Schokolade sehr zügig unterrühren. Zuerst die Sahne, dann den Eischnee und zuletzt die fein geriebene Schokolade unterheben. In eine große Servierschale oder in 4 Schälchen umfüllen. Nach Belieben zum Garnieren Schokolade grob reiben und darüberstreuen. Die Mousse abgedeckt im Kühlschrank mindestens 5 Stunden oder über Nacht kühlen lassen.

Tipp: Ich empfehle dir, sehr frische Eier (maximal 10 Tage alt) zu verwenden, weil diese roh verarbeitet und verzehrt werden.

Tiramisu ohne Ei

Tiramisu ist ein echter Glücklichmacher, und gerade in der Winterzeit steht das herrliche Dessert hoch im Kurs. Oft wurde ich nach einer Variante ohne Ei gefragt und deshalb darf ein Rezept dafür in diesem Buch natürlich nicht fehlen. Buon Appetito!

Für 6 Portionen
20 Minuten
4 Stunden Kühlzeit

1 kleine und
1 große Rührschüssel,
1 Rührbecher,
1 rechteckige Form
(ca. 18 × 24 cm),
1 Sieb

1 Tasse starker Kaffee oder doppelter Espresso
250 g Mascarpone
5 EL Mandellikör (Amaretto)
250 g Sahne
2 Pck. Bourbon-Vanillezucker
1 Pck. Sahnesteif
150 g Löffelbiskuit
Kakaopulver zum Bestäuben

1. Eine Tasse starken Kaffee aufbrühen und in einer kleinen Schüssel vollständig auskühlen lassen. Mascarpone mit Amaretto in einer großen Rührschüssel mit einem Kochlöffel cremig rühren. Die Sahne mit Vanillezucker in einem Rührbecher steif schlagen, dabei das Sahnesteif beim Schlagen einrieseln lassen. Die steife Sahne unter die Mascarponecreme heben.

2. Auf dem Boden der Form eine sehr dünne Schicht Mascarponecreme verstreichen. Die erste Hälfte des Löffelbiskuits mit der gezuckerten Seite kurz im Kaffee eintauchen und mit der getränkten Seite nach oben in die Form legen. Die Hälfte der Mascarponecreme darauf verteilen und glatt streichen.

3. Die zweite Hälfte der Löffelbiskuits wieder kurz in den Kaffee tauchen und mit der getränkten Seite nach oben auf dem Mascarpone verteilen. Die restliche Mascarponecreme darauf verteilen und glatt streichen. Mindestens 4 Stunden, besser über Nacht kühl stellen. Das Kakaopulver erst vor dem Servieren in ein Sieb geben und das Tiramisu damit bestäuben.

Tipp: Du kannst das Tiramisu schon am Vortag zubereiten und über Nacht bis zum Servieren kühlen. Wenn es alkoholfrei sein soll, den Likör einfach weglassen.

Walnussmakronen

Meine Walnussmakronen sind die ideale Resteverwertung für Eiweiß, mit dem du nichts anzufangen weißt – und das nicht nur in der Weihnachtsbäckerei. Die leichten und fluffigen Plätzchen können wunderbar mit anderen Nüssen oder Mandeln abgewandelt werden.

Ergibt ca. 50 Stück
50 Minuten

1 Rührschüssel,
1 Handrührgerät,
2 Backbleche

200 g Walnusshälften (ersatzweise z. B. Haselnüsse oder Mandeln)
2 Eiweiß (Größe M oder L)
1 Prise Salz
100 g Puderzucker

1. Den Backofen auf 150 °C (Umluft 120 °C) vorheizen. Umluft ist empfehlenswert, weil zwei Bleche parallel in den Ofen können. Jede Walnusshälfte in vier Stückchen schneiden, also vierteln. Jede andere Nusssorte nach Belieben grob zerkleinern.

2. Eiweiß mit einer Prise Salz in eine Rührschüssel geben und mit den Quirlen des Handrührgeräts sehr steif schlagen. Den Puderzucker einrieseln lassen und weiterschlagen, bis die Masse schön glänzt und sich Spitzen formen lassen. Im Anschluss die Nussstückchen unterheben.

3. Zwei Backbleche mit Backpapier auslegen. Darauf mit zwei kleinen Teelöffeln Makronenhäufchen in beliebiger Größe verteilen, 1–2 cm Abstand lassen. Die Makronen im heißen Backofen 40–45 Minuten trocknen lassen.

4. Die ausgekühlten Walnussmakronen am besten in einer Keksdose aufbewahren. Sie halten darin mindestens 14 Tage.

Tipp: Du kannst noch ein Fläschchen Vanillearoma unterrühren, aber erst unmittelbar nach dem Puderzucker, sonst zerfällt das Eiweiß wegen der öligen Aromatextur.

Tipp: Für eine kleinere Variante eine Springform (Ø 28 cm) verwenden. Einen Becher oder Glas mit 100–125 g Volumen nehmen und die Nicht-Becher-Zutaten halbieren.

Becher-Blechkuchen mit Knuspermandeln

Ein echter Blitzkuchen. Er ist ruckzuck aus dem Vorrat gebacken und eignet sich damit perfekt für ein spontanes Kaffeekränzchen, wenn es draußen kalt und ungemütlich ist. Wenn du keinen gekauften Sahnebecher, sondern Sahne in der Flasche oder im Tetra-Pak hast, einfach einen anderen Becher aus dem Schrank mit 200–250 Gramm Volumen verwenden.

Ergibt 12 Stück
15 Minuten
20 Minuten backen

2 Rührschüsseln,
1 Handrührgerät,
1 tiefes Backblech, 1 Topf

Für den Teig:
1 Becher Sahne (200–250 g)
1 Becher feiner Zucker
(ersatzweise Puderzucker)
1 Pck. Bourbon-Vanillezucker
4 Eier (Größe M)
2 Becher Mehl
1 Pck. Backpulver
Butter und Mehl für das Blech

Für den Belag:
4 EL Milch (3,5 % Fett)
150 g Butter
200 g Mandelblättchen
1 Becher Zucker

1. Den Backofen auf 200 °C (Umluft 180 °C) vorheizen. Einen Becher mit Sahne in eine große Rührschüssel füllen und den Becher säubern, er wird zum Messbecher für alle anderen Zutaten. Zur Sahne den Zucker, Vanillezucker und die Eier geben und mit den Quirlen des Handrührgeräts vermengen. Mehl und Backpulver in einer weiteren Rührschüssel mischen und kurz (maximal 30 Sekunden) unterrühren.

2. Das Backblech gut mit Butter einfetten, mit Mehl bestreuen und den Teig darauf gleichmäßig verstreichen. Zum Vorbacken in den heißen Ofen auf die mittlere Schiene geben und 10–12 Minuten backen, bis der Teig leicht gebräunt ist.

3. Zwischenzeitlich für den Belag die Milch in einem Topf erwärmen, die Butter darin schmelzen lassen und anschließend die Mandelblättchen und den Zucker hineinrühren. Die warme Zucker-Mandel-Masse esslöffelweise dünn auf dem vorgebackenen Boden verstreichen und Lücken gegebenenfalls füllen. Den Kuchen im heißen Backofen auf der mittleren Schiene ca. 10 Minuten fertig backen.

Bananenbrot

Ein weiteres tolles Rezept, wenn du überreife Bananen übrighast, die niemand mehr essen möchte. Oder wenn du von Süßgebäck mit Bananen nicht genug bekommst. Ein Bananenbrot ist ein leckerer, einfacher Rührkuchen, der Abwechslung in die Kuchenbäckerei bringt.

Für 10 Stück
15 Minuten
50 Minuten backen

1 große und 1 kleine Rührschüssel, 1 Handrührgerät, 1 Kastenform (ca. 25 cm Länge)

4 reife Bananen, Menge geteilt
100 ml Pflanzenöl (z. B. Raps- oder Sonnenblumenöl)
2 Eier (Größe M)
100 g Zucker
1 Pck. Bourbon-Vanillezucker
250 g Mehl (Weizenmehl Type 405) + etwas mehr für die Form
2 TL Backpulver
1 Prise Salz
½ TL Zimt
80 g Walnusskerne
Mehl für die Form
1 reife Banane

1. Den Backofen auf 180 °C (Umluft 160 °C) vorheizen. 3 reife Bananen in eine große Rührschüssel geben und mit einer Gabel zerdrücken. Pflanzenöl, Eier, Zucker und Vanillezucker dazugeben und alles mit den Quirlen des Handrührgeräts gut vermengen.

2. Mehl, Backpulver, Salz und Zimt in einer kleinen Rührschüssel vermengen, zu der Öl-Zucker-Ei-Masse geben und nur kurz unterrühren (max. 30 Sekunden), bis alles einigermaßen vermengt ist. Die Walnusskerne grob hacken und unter den Teig heben.

3. Die Kastenform einfetten und mit Mehl bestäuben, den Teig einfüllen und gleichmäßig verstreichen. Die vierte Banane schälen, halbieren und den Teig mit den beiden Bananenhälften belegen, je nach Belieben die Schnittfläche nach unten oder oben zeigen lassen.

4. Die Kastenform in den heißen Ofen auf die mittlere Schiene geben und 45–50 Minuten backen.

Rezeptregister

Zutatenregister

N

O

P

Q

R

S

T

V

W

Z

Dankeschön

Ein herzliches Dankeschön geht an all die treuen Leserinnen und Leser meines Foodblogs und auch meines ersten Buches. Die lieben und wertschätzenden Rückmeldungen, die ich täglich von euch bekomme, erfreuen mein Herz und motivieren mich, diesen Weg weiterzugehen. Es macht mich glücklich, dass euch meine Rezepte inspirieren, immer gut gelingen, gut schmecken und euch zur Seite stehen, wenn ihr sie braucht. Ich hoffe sehr, ihr werdet mich noch lange begleiten.

Über die Autorin

Christiane Emma Prolic, genannt Emmi, gehört heute zu den Größten der deutschen Foodblogger-Szene. Ihre schnörkellosen Rezepte mit überschaubaren Zutaten begeistern bereits Millionen von Menschen. Mit ihren einfachen Rezeptideen möchte sie gestresste Mamas, Familien und Alleinerziehende unterstützen, die täglich aufs Neue den Alltagsspagat zwischen Beruf und Haushalt meistern müssen. Die gelernte Marketingmanagerin hat diesen selbst jahrelang zwischen Zeitnot und Familienküche durchlebt. Mittlerweile gehören auch Senioren, Alleinstehende sowie Studenten, genauer junge Menschen mit eigenem Herd fernab von Mamas Küche, zu ihrer Fangemeinde. Kurz: alle, die sich das Kochen selbst beibringen müssen und wollen. Mit dem Kochen und Backen begann sie selbst schon als achtjähriges Mädchen am Rockzipfel ihrer Mama sowie Oma und Opa, die einen kleinen Bäckereibetrieb hatten und obendrein die Großfamilie versorgt haben. Die Autorin lebt in Köln gemeinsam mit ihrem Sohn und ihrem Mann, mit dem sie den beliebten Foodblog *www.emmikochteinfach.de* betreibt.

Bibliografische Information der Deutschen Nationalbibliothek
Die Deutsche Nationalbibliothek verzeichnet diese Publikation in der Deutschen Nationalbibliografie. Detaillierte bibliografische Daten sind im Internet über https://dnb..de abrufbar.

Für Fragen und Anregungen
info@m-vg.de

Wichtiger Hinweis
Ausschließlich zum Zweck der besseren Lesbarkeit wurde auf eine genderspezifische Schreibweise sowie eine Mehrfachbezeichnung verzichtet. Alle personenbezogenen Bezeichnungen sind somit geschlechtsneutral zu verstehen.

Originalausgabe
7. Auflage 2026

Türkenstraße 89
80799 München
Tel.: 089 651285-0

Ein herzlicher Dank für die Unterstützung geht an die Kochfabrik Köln.

Redaktion: Silke Panten
Umschlaggestaltung: Manuela Amode
Umschlagabbildungen: Vorderseite: Catja Vedder, Rückseite: Christiane Emma Prolic
Fotografie und Food-Styling: Christiane Emma Prolic
Fotos S. 8, 16, 19, 21, 64, 67, 69, 112, 115, 117, 164, 169, 222: Catja Vedder
Mitarbeit: Eva Reik
Illustrationen: Mo Büdinger
Satz: inpunkt[w]o, Haiger (www.inpunktwo.de)
Druck: Balto Print UAB, Litauen
Printed in the EU

ISBN Print 978-3-7423-2089-6
ISBN E-Book (EPUB, Mobi) 978-3-7453-1866-1

Wir produzieren nachhaltig
www.m-vg.de

Weitere Informationen zum Verlag findest du unter
www.rivaverlag.de
Beachte auch unsere weiteren Verlage unter www.m-vg.de